트럼프 2.0
가상화폐
투자 시그널

트럼프 2.0
**가상화폐
투자 시그널**

초판 1쇄 발행 2024년 11월 27일
초판 3쇄 발행 2024년 12월 6일

지은이 찰리브라운

발행인 장상진
발행처 (주)경향비피
등록번호 제2012-000228호
등록일자 2012년 7월 2일

주소 서울시 영등포구 양평동 2가 37-1번지 동아프라임밸리 507-508호
전화 1644-5613 | **팩스** 02) 304-5613

ⓒ김용진

ISBN 978-89-6952-603-8 03320

트럼프 2.0
가상화폐

투자시그널

· 찰리브라웅 지음 ·

경향BP

이제
가상자산 투자는 필수다

전 세계는 지금 미국과 중국의 마찰 속 통화패권전쟁, 그리고 점점 상승하는 기상이변 빈도수와 지진 등으로 인한 격동의 시대에 직면해 있습니다. 인공지능과 로봇의 진보는 중산층의 붕괴 속도를 가속화합니다. 직장은 점차 사라지고 자영업 또한 인플레이션으로 인해서 순이익률이 급감합니다. 이제 우리는 어떻게 살아가야 할까요?

정답은 코인 투자밖에 없다고 생각합니다. 대중의 속사정과 마찬가지로 중앙정부도 현물경제 축소로 인해 세수감소율이 높아짐으로써 대책 마련에 대한 고민이 큽니다. 또 다른 세수 확보 시스템이 필요한데 그것은 가상자산 시장의 제도권 수용입니다. 머지않은 미래에 3차 산업을 기반으로 축소된 주식 시장을 가상자산 ETF와 현물이 메우게 될 것이며, 이는 투자자와 정부에게 돌파구가 될 것이라 생각합니다.

이 책은 가상자산을 중심에 두고 일극체제에서 다극체제로 급변하는 세계 정세와 미래의 경제 전망과 관련한 주제들을 다루었습니다. 주요 내용은 다음과 같습니다.

인도나 아프리카를 제외한 G7을 위시한 선진국들의 인구 고령화로 인한 실물경제 축소와 가상자산의 제도권 수용이 어떤 관련이 있는지를 서술했습니다. 또한 코로나19 팬데믹으로 인한 경제 침체와 실업 증가에 대한 예측을 비롯하여 가상현실과 비대면경제에서 가상자산의 향후 중요성을 다루었습니다. 점차 물리적인 경제에서 비물리적인 온라인 플랫폼 경제로 이동함에 따라 가상자산의 가치가 상승할 것으로 예상됩니다.

재택근무와 온라인 교육의 확대

코로나19로 인한 재택근무와 온라인 교육의 증가는 일상화될 것으로 전망되며, 이는 물리적 공간을 필요로 하는 산업에 부정적 영향을 미칠 것으로 예상됩니다.

인구 구조 변화에 따른 경제 전망

고령화와 출생률의 감소로 인한 인구 구조 변화가 경제에 미치는 영향을 분석합니다. 이로 인해 세금 수입이 감소하고 소비도 축소될 것으로 전망됩니다.

세계 경제의 중심이 선진국에서 신흥국으로 이동할 것으로 예상되며, 중국과 인도의 GDP가 상승하여 G7 및 미국을 앞지를 것으로 전망됩니다. 물리적인 경제가 가상현실과 디지털 경제로 이동할 것으로 예상됩니다. 이에 따라 전통적인 산업이 변화하고 새로운 경제 생태계가 형성될 것으로 전망됩니다. 이 책은 곧 다가올 격변의 시대에 대중이 가상자산 투자로 생존 전략을 세우는 데 도움이 될 것입니다.

또한 브릭스 국가들이 미국 달러에 대항하기 위해 새로운 기축통화를 만들려는 계획과 관련된 내용을 다룹니다. 현재의 경제 상황과 미국의 국제적 지위에 대한 분석을 토대로 브릭스가 달러 사용을 줄이고 자체 통화 시스템을 구축하는 과정을 설명합니다. 특히 러시아-우크라이나 전쟁을 통해 미국의 세계적 영향력이 약화되고, 브릭스 국가들의 결속이 강화되는 과정을 강조합니다. 이러한 변화로 인해 달러와 미국 채권의 가치가 하락하고, 브릭스의 신흥 통화가 대안으로 부상할 것으로 전망됩니다.

BTC ETF는 기존의 주식과 유사한 형태로 비트코인에 투자할 수 있는 방식을 제공합니다. 이러한 ETF의 등장은 가상자산 시장을 규제하고 안정화시키는 역할을 할 수 있습니다.

미군 철수와 관련된 내용은 동아시아 지역의 정세가 변화하고 있는 것을 보여 줍니다. 이러한 불안정한 변화 속에서 가상자산은 경제적 안정성을 제공할 수 있습니다. 특히 미군 철수와 같은 정치적 불안 요인에 대비하여 가상자산을 포트폴리오 다각화의 수단으로 활용할 수 있습니다.

브릭스와 CBDC(중앙은행 디지털 화폐)의 중요성

브릭스 국가들이 자국통화를 기반으로 한 CBDC 발행을 예상하는 것은 가상자산 시장에서 중요한 이슈입니다. CBDC의 등장은 전 세계적으로 화폐의 흐름과 국제무역에 영향을 미칠 것으로 예상됩니다. 또한 브릭스와 같은 신흥시장 국가들이 가상자산을 통해 점진적으로 경제적 영향력을 확장할 수 있습니다.

달러의 위기와 가상자산의 대안을 다룬 글에서는 전 세계의 중앙은행들이 외환 보유고에서 달러 보유량을 줄이고 있는 상황을 언급했습니다. 이는 달러가 미래에 대해 불확실성을 안고 있다는 것을 시사합니다. 이러한 상황에서 가상자산은 달러의 대안으로 부상할 수 있으며, 미래의 금융 시스템에서 중요한 역할을 할 것으로 기대됩니다.

이러한 점을 종합해 보면, 세계적인 변화와 함께 가상자산은 더욱 중요한 역할을 할 것으로 예상됩니다. 특히 정치적 불안 요인과 경제적 변화에 대비하여 가상자산을 활용하는 것은 투자자들에게 안정성과 다양성을 제공할 수 있는 중요한 전략이 될 것입니다. 세계의 현재 상황과 가상자산의 미래에 대해 종합적으로 설명했습니다.

지정학적 변화와 미국의 위기

러시아-우크라이나 전쟁이 EU와 NATO를 파괴하고 미국의 위기를 초래하고 있습니다. 미국의 권력은 유럽으로부터 신뢰를 잃고 있으며, 미국의 달러 수출이 줄어들고 내수 시장을 새로운 정책으로 확장할 것으로 예상됩니다.

유럽의 경제적 파탄과 정치적 변화

유럽은 러시아 제재로 인해 경제적으로 파탄을 맞고 있으며, 민주주의가 약화되고 전체주의적 노선이 강화되고 있습니다. 이로 인해 유럽 내부의 정치적 분열이 야기되고, 우파 포퓰리스트의 세력이 강화될 것으로 보입니다.

미국과 유럽의 관계 변화

미국과 유럽 간의 관계는 현재 갈등과 불신이 높은 상태입니다. 유럽 국가들은 미국의 영향력을 줄이고자 하는 움직임을 보이고 있으며, 이는 미국의 권력 구조를 변화시키는 과정에 영향을 미칠 것으로 예상됩니다.

일본의 독립적인 외교 노선

일본은 미국과의 관계를 탈퇴하고 중국과 러시아와의 협력을 강화하는 독립적인 외교 노선을 취하고 있습니다. 이는 일본의 자주성을 강화하고 미국의 영향력을 줄이는 방향으로 작용할 것으로 보입니다.

가상자산의 역할

지정학적 변화와 정치적 불안은 금융 시장에도 영향을 미칠 수 있습니다. 가상자산은 이러한 불안 상황에서 안정적인 투자 수단으로 부상할 수 있으며, 특히 달러의 위기에 따른 대안으로서의 역할이 강조될 것입니다.

세계 경제의 다극화를 다룬 글에서는 미국의 위기와 유럽의 파탄으로 인해 세계 경제가 다중화되고 있는 상황을 설명했습니다. 이는 미국 중심의 국제 경제에서 다양한 국가가 자리 잡게 될 것을 시사합니다.

이러한 요인들을 종합해 보면, 가상자산은 현재의 지정학적 변화와 경제적 불안에 대한 대안으로서 중요한 역할을 할 것으로 예상됩니다. 미래에는 보다 다양한 국제 경제 질서가 형성될 것으로 보이며, 이에 따라 가상자산 시장도 더욱 성장할 것으로 전망됩니다. 특히 기상이변으로 인한 지속적인 인플레이션 상승으로 인한 하이퍼 인플레이션으로부터 나를 지키기 위해서는 가상자산 투자가 필수입니다

무엇보다 개인투자자들은 검증된 코인 투자를 해야 합니다. 이에 BTC ETF 이후 ETF 승인 가능성이 높은 코인들에 관한 설명들도 첨부했습니다.

충분한 사전분석으로 확신이 있는 분들만 변동성이 심한 가상자산에 무리한 대출 없이 투자하기를 추천하며 다가오는 격변의 시기에 굳건히 생존하길 기원합니다.

지속적으로 응원해 주신 유튜브 구독자님, 펀딩 회원님들에게 진심으로 감사드립니다.

찰리브라운

차례

PART 1

트럼프와 브릭스의
탈달러 가속화

PART 2

트럼프 부활로 다가온
세계 경제 대공황에서 살아남기

PART 3

장기투자해도 될
검증된 코인들

PART 4

새로운 화폐개혁은
가상자산으로 한다

PART 5

진짜
세력은 존재할까?

PART 1

트럼프와 브릭스의
탈달러 가속화

CRYPTO SIGNAL

01

트럼프의 부활로 세계는 일극체제에서 다극체제로 변한다

세계는 코로나와 러시아-우크라이나 전쟁을 기점으로 일극체제에서 다극체제로 변하고 있습니다. 그 중심에 가상자산이 있습니다. 먼저 일극체제와 다극체제에 관해서 알아보겠습니다.

일극체제

일극체제Unipolar System는 세계에서 하나의 강력한 나라가 중심이 되어 다른 나라들을 이끌어 가는 체제를 말합니다. 하나의 나라가 군사적, 경제적, 정치적으로 다른 나라들보다 훨씬 강력해서 그 나라의 결정이나 행동이 전 세계에 큰 영향을 미치는 것입니다. 냉전이 끝난후 미국이 유일한 초강대국으로 남아 있었을 때를 생각하면 됩니다. 이 시기에 미국은 군사력도 강하고 경제력도 강해서 다른 많은 나라가 미국의 정책을 따라가거나 미국의 결정을 존중했습니다.

다극체제

⋮

다극체제Multipolar System는 여러 나라가 비슷한 수준의 힘을 가지고 있어서 서로 균형을 이루며 세계를 이끌어 가는 체제를 말합니다. 여러 강대국이 각자의 이익을 지키면서 서로 협력하거나 경쟁합니다. 19세기 유럽에서 여러 강대국이 서로 힘을 겨루며 균형을 맞추던 시기를 떠올리면 됩니다. 영국·프랑스·독일·러시아 등이 비슷한 힘을 가지고 있었고, 이 나라들이 서로 연합을 맺거나 경쟁하면서 국제 정세가 움직였습니다.

트럼프가 재임하게 됨으로써 향후 한국에 거액의 방위비 요구 주장으로 남은 주한미군의 철수는 현실화될 것입니다. 유로존에서도

동일한 상황이 예상되며 미군의 철수는 달러와 같이 세계에서 축소
될 것입니다.

중요한 것은 지금 북핵 리스크라든가 북한에 대한 대대적인 핵 억
제 같은 건 이루어지지 않은 상황에서도 미국과 중국의 용인하에 이
런 일이 벌어지고 있다는 것입니다. 또한 통일이 가까워지면 가까워
질수록 주한미군은 점진적으로 철수할 수밖에 없다고 생각합니다.
점진적으로 주한미군이 철수하고 주일미군도 철수하고 있습니다.

그런데 이에 맞춰서 일본이 방위비를 계속해서 증액하고 있습니
다. 일본은 무엇을 준비할까요? 지금 일본의 변화로 볼 때 만약에 한
반도가 통일된다면 미국이 취하는 이득보다 중국이 취하는 이득이
큽니다.

매스컴에서는 중국과 브릭스는 망하기 일보 직전이고 미국은 점점
더 부강하고 달러의 발권력에 관한 힘은 미래에도 엄청나게 득세할
거라고 말하는 사람이 다수입니다. 가상자산 관련 방송에서도 금본

위제니, 달러로 비트코인을 매수해 다시 미국이 제1강으로 치고 올라간다고 언급하는 사람들이 있지만 현재는 G7의 축소와 브릭스의 확장이 자명한 상황입니다.

코로나19 팬데믹 이후 세계 공급망 인프라는 G7 주도에서 브릭스 주도로 바뀌었으며, 에너지를 필두로 지하자원·곡물자원까지 브릭스가 주도하는 형세로 변했습니다. 무역 거래에서도 브릭스 자국통화 교환을 시작으로 자원 기반의 CBDC 발행이 예상되며, 이에 달러 거래는 축소되고 있습니다. 향후 전 세계 각지에서 미국이 뒤로 서서히 물러나는 동안 미군의 축소와 동시에 이루어질 것입니다.

브릭스의 CBDC와 BTC, XRP를 대표로 한 가상자산은 이 공극을 메우며 새로운 생태계를 구현하고 있습니다. 본래 친미였던 사우디아라비아나 아랍권 국가들, OPEC+도 석유 거래에서 달러를 제외시키고 있습니다. 게다가 일본도 아직은 미국과 공조하지만 중국 및 브릭스와 아슬아슬한 양다리 외교 전략을 구사하고 있습니다. 경제적, 군사적으로도 마찬가지로 외줄타기 전략을 구사하고 있습니다.

가상자산 시장에서는 이러한 맥락을 잘 보아야 합니다. 지금까지는 미국이 계속 1강이었시만 그 흐름 자체가 서서히 깨지다가 트리거가 되는 시점에 남북통일이 될 거라는 의견도 있습니다. 전 세계를 자유주의와 사회주의 이념으로 경계를 나눈다면, 휴전선이라는 자체가 사라진다면 세계축의 이동은 기존 G7이 주도하던 서방에서 한·중·일과 브릭스가 주도하는 동아시아가 미래 주인공이 될 가능성이 농후합니다.

현재 무엇보다 중요한 건 전 세계 중앙은행들이 지속적으로 외환

보유고에서 달러 보유량을 점점 줄이고 있다는 것입니다. 향후 미국은 달러를 계속 빨아들이고 이를 다시 스테이블코인인 USDT와 USDC로 전환한 후 동아시아에 유동성을 주입할 확률이 높습니다. 미국이 주도하던 일극체제에서 다극체제로 전환되면서 무역에서도 미국과 G7 위주가 아니라 앞으로는 동아시아가 주축이 되고 중국과 인도 등 브릭스연합이 중심이 될 것입니다. 가상자산의 제도권 수용과 함께 G7이 아닌 G20가 주도하는 다극체제로 전환될 것입니다.

02

트럼프로 시작되는
브릭스의 큰 그림과 달러 붕괴

브릭스가 미국 달러에 대한 의존을 줄이고 새로운 기축통화를 만들려는 움직임이 점점 가속화되고 있습니다. 2023년 1월 러시아 정부는 브릭스 정상회담에서 기축통화 창설을 정식 의제로 다룰 것이라고 발표했습니다. 이러한 움직임은 오래전부터 계획되어 왔으며, 2018년 러시아의 푸틴 대통령은 이미 브릭스 공동통화를 만들어 달러의 기축통화 지위를 약화시키겠다는 구성을 발표한 바 있습니다.

2024년 10월 18일 러시아 대통령 푸틴은 모스크바 비즈니스포럼에서 자국 및 중국, 브라질, 이집트, 인도, 아랍에미리트, 사우디아라비아, 에티오피아, 남아프리카공화국 등 브릭스 국가의 주요 언론 대표들과 만나 관련 질문에 답변했습니다. 그는 브릭스 국가들이 투자에서 디지털 통화를 사용할 것을 제안하며, 현재 러시아가 다른 국가와의 무역에서 자국 통화 결제 비율이 95%에 달한다고 했습니다. 또

한 러시아가 브릭스 국가와 함께 SWIFT와 유사한 청산 시스템을 구축하고 있다고 언급했습니다.

2024년 1월부터 브릭스 국가들은 달러 대신 위안, 루블, 루피 등으로 결제를 확대할 예정이며, 장기적으로는 브릭스 공동통화가 달러 결제액을 앞지를 것으로 예상됩니다. 2023년 가을 중국의 시진핑 주석이 사우디아라비아를 방문하여 중동 산유국들이 달러 대신 위안화로 석유를 팔 계획을 검토한 것도 이러한 움직임의 일환입니다. 현재까지 대부분의 세계 화석연료는 달러로 결제되는 페트로 달러 체제가 달러의 기축성을 뒷받침해 왔습니다.

브릭스의 이러한 움직임은 미국의 경제 제재와 SWIFT(달러 송금 시스템) 배제에 대한 대응책으로도 볼 수 있습니다. 미국은 중국과 러시아를 SWIFT에서 배제시키고, 러시아의 달러 사용을 금지하며, 중국의 달러 사용을 감시해 왔습니다. 이러한 상황은 브릭스 공동통화의

탄생을 앞당겼습니다.

　현재 브릭스는 중국, 러시아, 인도, 브라질, 남아프리카공화국을 포함하여 이집트, 에티오피아 등 70여 개 국가로 확장되었습니다. 이러한 확장은 2030년까지 가속화될 것으로 예상됩니다. 브릭스 국가들은 달러 사용을 줄이고 자국통화나 공동통화로 결제하려는 노력을 지속하고 있습니다.

　브릭스의 기축통화 창설은 달러에 대한 도전이라기보다는 미국의 경제 제재로 인해 자구책으로 추진되는 것입니다. 미국의 패권과 달러의 기축통화 지위는 100년을 넘기 어려울 것으로 보입니다. 미국과 중국의 분쟁, G7과 브릭스의 대결은 필연적이며, 이는 달러의 축소와 새로운 기축통화의 도모로 이어질 것입니다.

　브릭스는 자원 기반의 기축통화 시스템을 구축하려 하고 있으며,

이는 금·석유 등의 자원과 연동될 가능성이 큽니다. 이러한 변화는 브릭스가 세계 경제의 중심이 되는 계기가 될 수 있습니다. 달러와 미국 채권 시스템의 붕괴는 시간이 걸리겠지만, 미국의 인플레이션 대책과 금융 버블 유지의 어려움으로 인해 불가피한 상황으로 보입니다.

결론적으로 브릭스의 기축통화 창설 움직임은 달러에 대한 도전과 동시에 자구책으로 추진되고 있으며, 이는 미국의 경제 제재와 맞물려 더욱 가속화되고 있습니다. 이러한 변화는 세계 경제와 금융 시스템에 큰 영향을 미칠 것으로 예상됩니다.

브릭스와 달러의 미래

브릭스는 브라질, 러시아, 인도, 중국, 남아프리카공화국을 포함하는 경제 블록입니다. 이들은 미국 달러의 지배력을 약화시키기 위해 새로운 기축통화를 만들고자 하는 움직임을 보이고 있습니다. 2023년 1월 러시아 정부는 브릭스 정상회담에서 이 기축통화 창설을 정식 의제로 다룰 것이라고 발표했습니다.

오랜 계획의 결실

러시아의 푸틴 대통령은 이미 2018년 브릭스 공동통화를 만들어 미국 달러의 기축통화 지위를 떨어뜨리겠다는 구상을 발표한 바 있습니다. 2024년 1월부터 브릭스 국가들은 달러 대신 위안, 루블, 루피 등으로 결제를 늘릴 예정입니다. 이는 브릭스 공동통화가 달러 결제액을 앞지르기 위한 장기적인 계획의 일환입니다.

중동과의 협력

2023년 가을 중국의 시진핑 주석이 사우디아라비아를 방문하여 중동 산유국들이 달러 대신 위안화로 석유를 판매할 계획을 검토했습니다. 이는 페트로 달러 체제에서 벗어나려는 움직임의 일환입니다. 현재까지 대부분의 세계 화석연료는 달러로 결제되어 왔습니다.

미국의 경제 제재와 브릭스의 대응

미국은 중국과 러시아를 SWIFT 시스템에서 배제하고, 러시아의 달러 사용을 금지하는 등의 경제 제재를 가해 왔습니다. 이러한 제재는 브릭스 국가들이 달러에 대한 의존도를 줄이고 자국통화나 공동통화로 결제하려는 움직임을 촉진했습니다.

브릭스의 확장과 기축통화 변화 전망

⋮

브릭스는 초기에는 5개 국가로 시작했지만, 현재 이집트, 에티오피아 등 70여 개 국가로 확장되었습니다. 이러한 확장은 2030년까지 더욱 가속화될 것으로 예상됩니다. 브릭스 국가들은 달러 사용을 줄이고 자국통화나 공동통화로 결제하려는 노력을 지속하고 있습니다.

브릭스는 자원 기반의 기축통화 시스템을 구축하려고 합니다. 이는 금, 석유 등의 자원과 연동될 가능성이 큽니다. 이러한 변화는 브릭스가 세계 경제의 중심이 되는 계기가 될 수 있습니다. 예를 들어, 러시아는 석유, 가스, 금 등의 자원을 많이 보유하고 있으며, 중국도 세계 최대급의 금 보유국이자 산출국입니다.

미국 달러는 오랜 기간 세계 기축통화로 군림해 왔지만, 최근의 경제 제재와 인플레이션 문제로 인해 그 지위가 흔들리고 있습니다. 브릭스 국가들은 이러한 상황을 기회로 삼아 달러의 의존도를 줄이고 새로운 기축통화를 만들려고 합니다. 이는 달러의 가치와 미국의 금융 시스템에 큰 영향을 미칠 것입니다.

03

브릭스 공동통화 계획과 달러 몰락

중국과 러시아를 축으로 반미연합을 구성하는 브릭스는 자신들의 무역결제에 달러 대신 사용하려고 브릭스 중심의 기축통화를 만드는 이야기를 추진하고 있습니다. 2024년 10월 18일 푸틴 러시아 대통령이 모스크바 비즈니스포럼에 참석해 브라질, 러시아, 인도, 중국, 남아프리카공화국 등 신흥경제 5개국 연합체 브릭스가 투자를 위해 가상자산을 공식적으로 채택할 것이라고 밝혔습니다.

브릭스와 중국, 러시아가 달러 결제를 줄이고 새로운 기축통화나 공동통화를 만드는 구상은 오래전부터 계획됐습니다. 2018년부터 러시아 푸틴 대통령은 브릭스 공동통화를 만들어 미국 달러를 기축통화 지위에서 떨어뜨리는 구상을 발표했습니다.

이후 6년이란 세월이 흘렀지만 아직 세계 기축통화는 분명하게 달러입니다. 하지만 2024년 1월부터 브릭스는 달러 대신 위안, 루블,

루피 등으로 결제액을 늘려 갈 것이며 어느 순간 브릭스 공동통화가 달러결제액을 앞지를 것으로 예상됩니다.

2023년 가을 급작스레 중국 시진핑이 사우디아라비아를 방문한 후 중동 산유국이 달러가 아니라 위안화로 석유를 팔 계획을 검토했습니다. 가시적인 수치는 2025년 이후 대중이 미디어를 통해서 직관적으로 볼 수 있게 서서히 드러날 듯합니다.

지금까지 세계 화석연료 대부분이 달러로 결제되어 온 페트롤 달러 체제가 달러의 기축성을 뒷받침해 왔습니다. 아직까지는 사우디아라비아의 통화 레알도 환율이 달러에 고정되고, 위안화도 수치상 달러의 50%에 준하는 위상을 보여 줍니다. 그래서 미디어는 달러의 위상을 드높이며 달러기축론의 불멸을 주장합니다. 하지만 이는 거짓보도이며 기축통화인 달러는 세계 무역거래나 중앙은행들의 외환보유고에서 서서히 축소되는 형국입니다.

단시간에 중국, 러시아가 미국에서 패권을 빼앗기 위해 주체적인 공동통화를 만들어 달러를 넘는 기축통화가 되려고 한다면 중국과 러시아는 미국을 절대 이길 수 없습니다. 사실은 선제적으로 미국이 중국과 무역분쟁으로 중국을 SWIFT에서 배제시켰고, 두 번째는 러시아-우크라이나 전쟁을 명분으로 미국은 러시아를 SWIFT에서 제거했습니다. 그 일환으로 전쟁 초기에 루블은 달러 대비 가치가 반토막 이상이었습니다. 하지만 2024년 현재는 달러 대비 90% 가까이 루블 가치가 회복했습니다.

미국은 러시아-우크라이나 전쟁 시작과 동시에 러시아의 달러 사용을 금지하고 중국의 달러 사용도 감시 제한하려고 했습니다. 이 상황은 지금까지 이어오고 있습니다. 이는 역으로 중국, 러시아를 필두로 브릭스 공동통화 탄생을 앞당겼습니다.

지난 100년과 다르게 미국은 9·11 이후 패권국으로서의 여유가 없어져, 미국의 힘이 안 통하는 국가에 대한 달러 사용 제한이나 SWIFT로부터의 추방 등 경제 제재를 남발했습니다. 현재 브릭스는 초반에 중국, 러시아, 인도, 브라질, 남아프리카공화국으로 시작했지만 아랍연맹총국인 이집트, 아프리카연맹총국인 에티오피아까지 가세함으로써 70여 개 국가로 확장되었고, 2030년까지 신흥국가들의 합세로 확장이 가속화될 것으로 예상됩니다.

이러한 상황으로 중국, 러시아를 비롯한 브릭스 반미 국가 전체에서 달러는 지속적으로 사용이 감소할 것입니다. 세계가 미국 중심 일극체제에서 미국·중국 독주 2극체제에 이어, 현재 미국과 중국이 분절된 뚜렷한 다극체제가 되었습니다. 이제 달러는 경제적으로는 사용하기 쉬운 통화이지만 정치적으로는 사용하기 어려운 통화가 됐습니다.

세계 여러 나라 중에서도 일본과 같은 친미국가는 미국으로부터 자립할 생각이 없기 때문에 달러의 사용을 줄이지 않습니다. 반면에 중국, 러시아 등 브릭스 국가들은 모두 반미 자립을 원하고 있습니다. 최근 미국이 여유를 잃고 자국에 종속되지 않은 국가에 대한 달러 이용 금지와 같은 경제 제재를 강화할수록 브릭스는 달러 사용을 중단하고 자기들만의 기축통화, 결제통화를 기획합니다. 이 결과는 2025년부터 브릭스 공동통화를 탄생시킬 것입니다. 그리고 그 이면에는 우리가 투자하고 있는 BTC, XRP 등 가상자산이 거대한 생태계를 구성할 것으로 예상됩니다.

러시아-우크라이나 전쟁 개전으로 이러한 경향이 단번에 강해졌습니다. 미국 패권 진영의 논문도 최근 미국이 중국·러시아가 주도하는 브릭스 등 신흥국들에게 경제 제재를 너무 빈발하기 때문에 반미 국가들이 달러를 쓰고 싶어 하지 않아 미 패권이 경제와 정치면에서 축소 진행 중이라고 발표했습니다.

언론은 러시아-우크라이나 전쟁 개전 직후부터 현재까지 러시아가 우크라이나 전쟁에서 패배하고 국가가 붕괴해 나갈 것이라는 예측을 지금까지 이어오고 있습니다. 하지만 이는 허상에 불과한 여론 통제입니다.

세계 군사력 순위 2위 러시아와 22위 우크라이나 전쟁이 3년 가까이 진행됐습니다. 이것이 논리적으로 납득할 수 있는 사실에 기반을 둔 전쟁일까요? 특정 사건을 도모하고자 만들어진 잘 짜여진 시나리오 중 하나일까요?

미국이나 영국의 보도자료에서 주장하는 러시아 패전 붕괴 시나리오가 사실이라면 미국의 힘에 의해 러시아, 브릭스 등 반미 측의 약점이 모두 나타나게 되며, 달러는 계속 강한 기축통화로 세계에 계속 군림하고, 푸틴이 꿈꾸던 브릭스 공동통화는 망상에 끝날 것입니다. 하지만 실제로는 다릅니다. 러시아는 러시아-우크라이나 전쟁에서 계속 우세했고, 이 전쟁은 G7 중심의 에너지와 지하자원 인프라를 브릭스 쪽으로 전향하는 터닝포인트 요소로 사용됐다고 판단됩니다.

브릭스와 신흥국들은 러시아-우크라이나 전쟁이 길어질수록 반미, 러시아 지지, 대미 자립 방향으로 결속을 강화하고 미국 측과 반미 측의 대립이 결정적·영구적이 됩니다. 미국 측은 반미 측에 경제 제재를 하고, 반미 측은 달러를 사용하고 싶지 않게 되고, 불편해도 자국의 결제 통화를 쓰려고 합니다.

중국, 러시아와 브릭스가 미국을 쓰러뜨리고 싶기 때문에 달러에 대항하는 기축통화를 만드는 것이 아니라, 미국이 반미 측을 적시·제재하기 때문에 자구책으로 브릭스가 기축통화를 만들려고 한 것입니다. 어차피 모든 기축통화는 100년이 수명입니다.

글로벌 금융자본은 여러 가지 타당성과 시기를 보며 또 다른 기축통화와 새로운 세수 창출 도구를 필요로 합니다. 그래서 미국과 중국의 분쟁과 대립은 필연적으로 G7과 브릭스의 대결로 확대되었고, 종국에는 달러의 축소와 새로운 기축을 도모하는 게 이 글로벌 금융세력의 최종 목표가 아닐까 합니다.

미국이 반미 측의 경제를 제재하고 러시아-우크라이나 전쟁도, 이란 핵문제도, 미·중 갈등도 미국이 사실을 왜곡해서 일으키고 있는 것이 아닐까 합니다. 달러가 붕괴되므로 대체 결제통화를 준비하는 브릭스와 러시아-우크라이나 전쟁은 반미 측이 달러와 미국 금융 시스템에서 자립한 자국의 경제 체제를 가져야 한다고 생각하게 만드는 또 다른 상황도 낳았습니다. 그것은 러시아-우크라이나 전쟁 개전 후 세계가 미국 측과 반미 측으로 분절되는 경향이 늘어남과 동시에 석유, 가스나 금 등 자원류의 대부분이 반미 측에 속하게 되어 QE(조폐에 의한 채권 매입 지원)에 의해 팽창한 미국 측 금융 버블이 QT(샀던 채권 재방출)에 의해 버블이 붕괴될 수 있는 상태로 수년 내 귀결되지 않을까 합니다.

세계가 분절가속된 결과 미국 측은 반미 측에서 지하자원류를 사기 어려워져 인플레이션이 멈추지 않았습니다. 러시아-우크라이나 전쟁이 길어지면 길어질수록 미국 측의 인플레이션이 증가해 인플레이션 대책으로 금리 인상과 QT를 그만둘 수 없게 되어 달러와 채권의 금융 버블 붕괴가 불가피하게 일어나고 있습니다. 반미 측은 현재의 달러를 결제·비축 통화로 계속 사용한다면 어쨌든 일어나는 달러 붕괴에 의해 미국 측과 함께 무너져 버릴 것이므로 브릭스를 필두로 하는 반미 측은 빨리 자국의 결제·비축 통화 시스템을 만들어 달러 사용을 극적으로 축소할 것입니다.

달러는 1971년 닉슨 쇼크에서 금지금과의 교환성을 잃은 뒤 지하자원류의 뒷받침이 없는 환전지폐입니다. 미국의 패권과 신용이 떨어지면 달러와 채권도 끝납니다.

미국과 영국은 닉슨 쇼크 이후 1980년대 채권 금융 시스템을 만들어 달러의 패권을 유지했지만 최근 인플레이션 격화로 채권 금리가 상승하고 있습니다. 금리 상승은 채권의 붕괴·가치 소멸입니다. 돈풀기 양적완화 QE의 잔재 자금을 주입해 금리를 억지하는 시세의 왜곡이 이루어져 겉으로는 평정이지만 자금 주입을 그만두면 금리가 급등해 달러와 미 패권의 근간에 있는 채권 시스템이 붕괴합니다.

이미 미 패권은 식물인간 상태입니다. 하지만 미국의 여론은 그것을 보도하지 않습니다. 사실을 보도하면 미국 경제는 즉시 붕괴할 것이고 이는 세계 경제를 초토화시킬 것입니다. 미국 측 사람들은 무지한 상태이지만, 반미 측은 미국 측을 객관화할 수 있으므로 달러 붕괴가 가까운 것을 알고 있어 달러 붕괴 전에 브릭스가 반미 측 전체에서 사용할 수 있는 자신들의 기축통화 체제를 만들려고 하는 것입니다.

지금까지 달러나 채권은 과잉 발행해도 신용이 떨어지지 않았기 때문에 미국 당국과 금융세력은 과잉 발행으로 얻은 자금을 사용하여 금 기반이나 석유, 가스에서 주식이나 채권까지의 각종 시세를 신용거래 등으로 왜곡해 달러와 채권을 사실보다 강하게 보여 주고, 금 기반과 석유, 가스 등 자원류를 실태보다 저렴하게 보여 왔습니다.

불환 지폐인 것을 역으로 취한 사기 수법으로 50년 가까이 달러와 미 패권의 신용이 유지되어 왔습니다. 자원류의 가격은 달러의 사기와 연금술에 예속되어 왔습니다. 대기업은 사채 발행으로 얻은 자금으로 자사주를 사서 주가를 올리고, 우량 기업임을 보여 주고, 채권등급을 인상하고, 저금리로 저렴하게 사채를 발행할 수 있도록 하고, 또 사채를 발행하여 주가를 올리는 연금술을 사용해 왔습니다.

하지만 러시아-우크라이나 전쟁에 의한 세계 분절로 달러는 미국 측, 자원류는 반미 측의 인프라로 역전되어 자원류는 달러로부터 해방될 수 있었습니다. 지하자원류의 가격 상승은 우크라이나 개전 전부터 미국이 주도하는 G7 측의 인플레이션을 격화하고, 인플레이션에 의해 금리가 상승해 달러 채권 시스템 전체기 붕괴를 향하고 있습니다.

2025년 반미 측이 브릭스 공동통화를 창설해 달러를 버리면 달러와 미국 측 채권에 대한 수요가 줄어들어 자원류의 달러세 가격 상승과 인플레이션이 가속화돼 달러와 미 패권의 붕괴에 박차를 가하게 됩니다. 사우디아라비아의 레알, 중국의 위안화, 러시아의 루블 등 반미 측 통화의 페그는 모두 달러가 붕괴해 나가면 자연스럽

게 벗어날 것입니다. 달러는 가치를 잃고 사우디아라비아의 레알, 중국의 위안화 등이 자원을 기반으로 통합되며 이 통합은 XRP 체제의 SWIFT2.0이 담당합니다.

러시아는 석유, 가스, 금 등 지하자원류를 많이 가지고 있습니다. 중국도 세계 최대급의 금 보유, 산출국입니다. 미 당국도 앞으로 대량의 금지금을 보유하고 있지만, 아마 거의 대출되어 현물이 없고 차용서의 종잇조각만 포트녹스(미국의 최대 금 보관소)에 보관돼 있을 것입니다. 산유국가의 맹주인 사우디아라비아는 브릭스에 통합됐고, 브릭스의 신통화 체제는 어떤 시스템이 될지 불확정이지만 금 기반이나 원유와 연동하는 것이 구상되고 있습니다.

반미 측이 지하자원류나 금 등을 뒷받침한 달러에 대항하는 기축통화를 만드는 것을 러시아-우크라이나 전쟁 개전 직후 '브레튼우즈 3.0'으로 예측한 분석가 졸탄 아자르는 1그램의 금과 2배럴의 원유를 등가로 교환하여, 그것을 브릭스의 여러 통화를 가중평균한 바구니와 연동시키는 금자원 본의제가 될지도 모른다고 합니다.

당분간은 위안화가 브릭스의 기축통화를 대표하고, 7년 후에는 브릭스가 미국과 유럽을 잇는 세계 경제의 중심이 될 것으로 예측하고 있습니다. 달러와 미국채가 붕괴되어 중국, 러시아 등 반미 측이 금 기반 본위제를 채용해 세계 경제의 중심이 될 것입니다. 믿기 어렵고 언제 그렇게 될지 불확정이지만 미국 연준은 인플레이션 대책으로 예정대로 QT를 계속 진행하고 있습니다. 이에 금융 버블을 유지하는 자금이 부족해져 금리 상승, 채권 금융 시스템 붕괴가 일어나는 것은 불가피합니다.

04

세계 최대 디지털 뱅크 DBS로 보는
세계축의 이동

먼저 DBS 디지털 뱅크에 대해 알아보겠습니다. DBS 디지털 뱅크 주요 투자자인 SGX 싱가포르 증권거래소와 싱가포르 국부펀드 테마섹 두 기관에 관하여 알아보고 관계성과 세상의 흐름을 살펴보겠습니다.

DBS 디지털 뱅크

DBS 디지털 익스체인지DBS Digital Exchange는 DBS 은행이 운영하는 디지털 자산거래 플랫폼입니다. 이 플랫폼은 기관투자자와 전문투자자를 대상으로 하며, 암호화폐와 같은 디지털 자산을 거래할 수 있도록 설계되었습니다. 주요 특징은 다음과 같습니다.

디지털 자산 거래

비트코인BTC, 이더리움ETH, 비트코인 캐시BCH, 리플XRP, 에이다ADA, 폴카닷DOT 등 주요 암호화폐를 거래할 수 있습니다.

보안성

DBS 은행의 금융 인프라를 바탕으로 높은 보안성을 자랑하며, 모든 거래와 자산은 안전하게 보호됩니다.

규제 준수

싱가포르 금융당국Monetary Authority of Singapore(MAS)의 규제를 준수하며, 이를 통해 법적 안정성을 제공합니다.

토큰화

주식, 부동산 등의 자산을 토큰화하여 거래할 수 있는 서비스를 제공합니다. 이를 통해 전통적인 자산도 디지털 형태로 거래할 수 있게 됩니다.

유동성 제공

기관투자자와 전문투자자에게 높은 유동성을 제공하여 효율적인 거래를 지원합니다.

DBS 디지털 익스체인지는 기존 금융 시스템과 디지털 자산의 세계를 연결하는 다리 역할을 하며, 신뢰성 높은 플랫폼을 통해 디지털 자산 시장의 성장을 지원합니다.

SGX

⋮

SGXSingapore Exchange는 싱가포르의 주요 증권거래소로 주식, 채권, 파생상품 등의 거래를 지원합니다. SGX는 아시아의 중요한 금융 허브 중 하나로 다양한 글로벌 금융 상품의 상장과 거래를 촉진하고 있습니다. SGX는 안정적이고 투명한 시장 환경을 제공하며, 투자자들에게 다양한 투자 기회를 제공합니다.

테마섹

⋮

테마섹Temasek은 싱가포르 국부펀드로 DBS 디지털 익스체인지와 관련된 여러 중요한 협력 프로젝트에 참여하고 있습니다. 특히 DBS, 제이피모건, 테마섹은 파티어Partior라는 합작 회사를 설립하여 블록체인 기반의 새로운 결제 플랫폼을 개발하고 있습니다. 이 플랫폼은 국제적인 가치 이동을 혁신하고, 실시간 다중 통화 결제와 외환 결제, 무역 거래를 위한 인프라를 제공하기 위해 고안되었습니다.

테마섹은 싱가포르의 금융 및 기술 혁신을 촉진하는 중요한 역할을 하며, 글로벌 결제 시스템을 디지털화하는 데 중추적인 역할을 하고 있습니다. 이 프로젝트를 통해 전 세계 금융 생태계에 실질적인 영향을 미치는 글로벌 플랫폼을 만들고자 합니다.

DBS 디지털 익스체인지가 동아시아에 특히 집중된 이유는 여러 가지 요인에 기인합니다.

DBS 뱅크 핵심인 싱가포르를 거점으로 브릭스에 특히 중요한 지점들이 포진해 있습니다. 역사가 시작된 이래 금융의 중심 지역은 영국을 중심으로 한 서구권이었으나, 지금은 홍콩, 싱가포르를 중심으로 탈달러를 기반으로 한 새로운 디지털 금융 패권이 동아시아로부터 시작된 것으로 여겨집니다. 여기서 핵심은 브릭스 중심의 신흥국가 성장의 확장은 탈달러에 기반을 둔 디지털 자산의 적극적 수용입니다.

싱가포르 증권거래소 SGX의 참여는 큰 의미가 있는데 전통 산업을 기반으로 한 산업의 축소와 몰락을 염두에 두고 디지털 자산으로의 에너지 이동을 의미하는 것일지도 모르겠습니다.

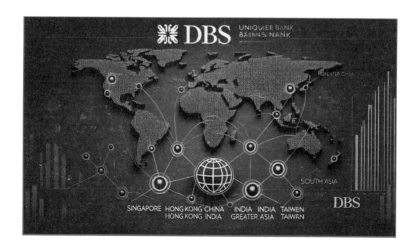

지역적 경제 강점

동아시아는 경제 성장과 혁신의 중심지로 자리 잡고 있습니다. 특히 싱가포르, 인도, 인도네시아, 홍콩, 일본, 한국과 같은 국가들은 금융 및 기술 산업에서 강력한 입지를 가지고 있어 디지털 자산 거래에 적합한 환경을 제공합니다.

디지털 인프라

동아시아 국가들은 높은 수준의 디지털 인프라와 기술 수용성을 보유하고 있습니다. 이러한 인프라는 디지털 자산거래소 운영에 필수적인 빠르고 안정적인 인터넷 연결과 보안 시스템을 지원합니다.

규제 환경

싱가포르와 같은 동아시아 국가들은 디지털 자산과 블록체인 기술에 대한 규제와 법적 프레임워크를 적극적으로 마련하고 있습니다. 이는 디지털 자산거래소가 합법적이고 안전하게 운영될 수 있는 환경을 조성합니다.

투자자 수요

동아시아는 높은 부의 집중과 활발한 투자 활동으로 유명합니다. 특히 기관투자자와 부유한 개인투자자들이 디지털 자산에 대한 관심을 보이며, 이는 디지털 자산거래소에 대한 수요를 증대시키는 요인입니다.

금융 허브 역할

동아시아의 주요 도시들, 특히 싱가포르와 홍콩은 글로벌 금융 허브로서 국제적인 금융 활동의 중심지로 작용하고 있습니다. 이는 디지털 자산거래소가 글로벌 투자자들과 거래를 확장할 수 있는 기반을 제공합니다.

DBS 디지털 익스체인지는 이러한 요소들을 활용하여 동아시아 지역에서 디지털 자산 거래와 관련된 다양한 서비스를 제공하며, 지역적 특성을 최대한 활용하고 있습니다.

DBS 뱅크와 핵심 국가

DBS 디지털 익스체인지는 싱가포르에 본사를 두고 있는 DBS 은행

이 운영하는 디지털 자산 거래 플랫폼입니다. 이 거래소는 주로 기관 투자자와 전문투자자를 대상으로 하며, 다양한 디지털 자산 거래 서비스를 제공합니다. 다음은 DBS 디지털 익스체인지의 주요 지점과 그 역할에 대한 설명입니다.

DBS는 싱가포르, 홍콩, 중국, 인도, 인도네시아, 대만 등 아시아의 6개 우선 시장을 포함하여 전 세계 19개 시장에 진출해 있습니다. 이를 통해 동남아시아, 중화권, 남아시아라는 3대 성장축에 진출한 유일한 아시아 은행이 되었습니다.

싱가포르 본사

DBS 디지털 익스체인지의 본사는 싱가포르에 있으며, 이곳에서 전체 운영과 관리가 이루어집니다. 싱가포르는 강력한 금융 규제와 법적 프레임워크를 갖추고 있어 디지털 자산거래소 운영에 적합한 환경을 제공합니다. 디지털 자산 거래, 자산 토큰화, 디지털 자산의 보관 서비스 등을 제공합니다. 주요 암호화폐와 법정화폐 간의 교환도 가능하며, 기관 등급의 보안 및 규제 준수를 강조합니다.

홍콩 지사

홍콩은 아시아 금융 허브 중 하나로 많은 글로벌 금융 기관들이 위치해 있습니다. DBS 디지털 익스체인지는 홍콩 지사를 통해 중국 본토와의 비즈니스 및 투자자 유치를 강화하고 있습니다. 싱가포르 본사와 유사한 디지털 자산 거래 및 보관 서비스를 제공하며, 홍콩과 중국 본토의 투자자들에게 맞춤형 솔루션을 제공합니다.

일본 지사

일본은 암호화폐와 블록체인 기술 수용도가 높은 나라 중 하나입니다. DBS 디지털 익스체인지는 일본 지사를 통해 일본 시장에 접근하고 있습니다. 일본 투자자들을 위한 현지화된 거래 서비스 및 규제 준수 솔루션을 제공합니다.

한국 지사

한국은 디지털 자산 거래가 활발한 시장으로 DBS 디지털 익스체인지는 한국 지사를 통해 현지 투자자들에게 서비스를 제공합니다. 한국 시장에 맞춘 디지털 자산 거래 서비스와 고객 지원을 제공합니다.

중국 지사

중국은 규제가 엄격하지만, DBS 디지털 익스체인지는 중국 내 잠재적 투자자와 비즈니스 파트너를 위해 간접적으로 서비스를 제공합니다. 중국 투자자들을 위한 맞춤형 솔루션과 지역 특성을 반영한 서비스 제공을 목표로 합니다.

DBS 디지털 익스체인지는 이러한 주요 지점들을 통해 동아시아 전역에서 디지털 자산 거래의 접근성을 높이고, 지역별 특성에 맞춘 서비스를 제공하여 글로벌 디지털 자산 시장에서의 입지를 강화하고 있습니다.

러시아-우크라이나 전쟁의 숨겨진 본질

러시아-우크라이나 전쟁 후 전 세계 에너지와 지하자원 인프라는 미국이 주도하는 G7 중심에서 중국과 러시아가 주도하는 브릭스로 이동했습니다(SWIFT2.0과 XRP).

지난 수년간 중국은 러시아에서 석유, 가스, 알루미늄 등 지하자원류를 사 모으고 있습니다. 2024년 4월 러시아에서 중국으로 수출된 알루미늄은 8만 9,000톤으로 2023년의 3배 가까운 양이었습니다. 러시아-우크라이나 전쟁이 개전한 이래로 2년간 러시아로부터 중국으로 수출된 알루미늄은 전년 동기 대비 2배 증가한 약 54만 톤이었습니다.

중국은 알루미늄의 생산량과 소비량이 세계 1위이고 러시아는 생산량이 전 세계 2위입니다. 전력 생산이 저렴하고 알루미늄 생산에 전력을 다하고 있는 러시아는 우크라이나와의 전쟁 전에는 중국 이

외에 유럽과 일본에도 알루미늄을 수출했습니다. 하지만 개전 후에는 미국으로부터 경제 제재를 받아 대부분의 수출처를 잃고 오로지 중국만 남게 되었습니다.

중국은 알루미늄뿐만 아니라 석유, 가스 및 기타 광물자원에 관해서도 러시아가 미국 제재로 G7 국가들에 수출할 수 없게 된 만큼을 독점적으로 수입하고 있습니다.

중국뿐만 아니라 인도도 러시아를 제재하라는 미국의 경고를 무시하고 러시아에서 자원류를 계속 수입하고 있습니다. 표면상으로 인도 정부는 미국 편에 서서 러시아로부터 수입을 안 한다고 지금까지 보도되어 왔습니다.

국가 경제의 주류를 이루는 기둥인 수출 자원을 지금까지 싸게 팔았던 러시아는 우크라이나와의 전쟁이 장기화하면서 경제가 오히려 호전되고 있습니다. 러시아 경제는 미국에 의해 철저히 제재되는데도 지속적으로 플러스 성장을 이루고 있습니다. 국가 규모의 자원류 매매 가격은 거의 비공개라서 자세히 알 수는 없지만 미국 주도의 G7 등이 싸게 사 두려고 했던 것은 러시아-우크라이나 전쟁 개전 전이 더 심했던 것이 아닐까 싶습니다.

구소련이 붕괴하고 10년의 혼란기를 거친 후인 2000년부터 푸틴이 대통령이 되어 러시아를 다시 세워 갔지만, 미국과 유럽의 우세는 계속 이어졌습니다. 러시아의 자원 수출은 G7 대비 고도성장을 하고 있는 중국으로의 수출이 늘었다고는 해도 유럽에 의존하고 있었습니다. 이 때문에 몇 년 전까지 가격 책정의 주도권은 G7에 있었습니다. 유럽 경제는 러시아-우크라이나 전쟁 개전까지 20년간 독일의 주도하에 저렴한 러시아 지하자원류를 기반으로 지속 성장했습니다.

러시아-우크라이나 전쟁 개전 후 러시아에서 중국, 인도 등 브릭스 측으로의 자원류 수출 가격은 시진핑과 푸틴의 토론으로 결정되었습니다. 인도 등 중국 이외의 신흥국들은 중국이 러시아에서 수입하는 가격에 준해서 지금까지 수입하고 있을 것입니다. 시진핑과 푸틴은 단기 수익이 목표가 아니라 장기적으로 세계의 패권 구조를 자신들에게 유리한 형태로 전환하기 위해 전략적으로 움직이고 있습니다. 시진핑은 자원을 사지 않고 푸틴이 선호하는 가격으로 수입함으로써 아랍 경제를 유도해서 러시아가 우크라이나와의 전쟁에서 유리하게 오랫동안 싸울 수 있게 환경 조성을 지원해 왔습니다.

시진핑은 브릭스 정상회담 등을 통해 다른 반미 국가들에게 다극화 전략에 대한 협력을 주입했을 것입니다. 대부분의 반미 국가는 미 패권을 축소시키는 것에 동조하고 인류를 위한 것이라고 생각할 것입니다.

러시아-우크라이나 전쟁의 구도가 장기화할수록 미국과 G7 측의 경제가 장기 저성장 국면으로 나아갑니다. 우크라이나에서의 실제 전투는 축소되고 있지만 미국 편과 러시아 및 반미 측을 적시하는 전쟁 프레임은 아직도 계속됩니다. 세계 지하자원의 대부분은 반미 측이 잡고 있기 때문에 미국과 G7 측의 자원 부족이 갈수록 심해지고 악성 인플레이션이 장기적으로 계속될 가능성이 높습니다.

인플레이션은 금리 인상을 불러오고, 초저금리에 의해 뒷받침된 미국과 G7 측의 30년간의 거대한 금융 버블을 바탕으로 한 경제 성장은 멈추고, 궁지에 몰린 명목화폐 시스템으로 시작된 위기는 전통 금융의 붕괴를 초래할 것입니다.

미국과 G7 측의 경제를 크게 끌어올려 온 채권 금융의 거품이 붕괴되면 미국 측이 누려 온 풍요가 사라지고 선진국들은 크게 쇠퇴할 것입니다. 달러와 미국의 패권이 무너져 중국 주도의 브릭스 측이 서서히 세계의 중심이 될 것입니다. 유엔 등 국제기구는 이미 반미국 편입니다. 미국의 금융 붕괴는 수년 안에 세계적인 전통 금융 붕괴의 초석이 될 가능성이 높습니다. 지금까지 전통 금융이 가지고 있던 돈벌이와 가치 증식의 기능은 향후 상실되고 아주 기초적인 기능만 유지될 것입니다.

내수를 바탕으로 한 소비 시장과 생산 현장도 향후 성장이 지속적으로 확대되는 것은 중국, 인도, 중동, 아프리카 등 반미 측인 브릭스가 중심이 될 것입니다. 경제 성장의 추진에 필요한 모든 자원류의 주도권은 이미 미국 측에 없고 브릭스에 있습니다. 미국과 G7은 실업률 상승이 두드러지며, 금융 버블 붕괴의 타격에서 다시 시작하는 데 오랜 세월이 걸릴 것입니다.

모든 자원도 브릭스로 인프라가 전환되어 G7은 값싸게 살 수 없게 될 것입니다. 향후 수년 내 브릭스 측도 금융 버블 붕괴의 타격을 받겠지만 경제는 성장해 나가기 때문에 회복속도가 빠를 것입니다. 중국은 수년 전부터 자국의 금융 버블을 적극적으로 조용히 해결하고 있습니다.

그래서 일이 터져도 브릭스 측은 미국과 G7보다 상처가 빠르게 아물 것입니다. 명목화폐를 근간으로 한 기존의 경제 성장 모델은 과거의 유물이 될 것이고, 향후 세계 경제는 브릭스 중심의 세상으로 성장해 나갈 것입니다. 주요 통화의 구조도 대전환할 것입니다.

지금까지는 달러가 미 패권에 힘입어 기축통화로서의 기능을 100년 가까이 해 왔습니다. 미 패권이 뒷받침된 미국채를 정점으로 정크채까지 넓은 밑단이 만들어졌는데 그것이 종래의 세계 경제 중심인 채권 금융 시스템이었습니다. 하지만 이 시스템은 향후 일어나는 수명이 다한 달러 붕괴에 의해 전체가 붕괴할 것입니다. 미국과 G7 등 선진국들의 번영도 서서히 사라질 것이고 선진 경제의 중심인 중산층이 무너지고 빈민층이 두터워져 사회의 전반적 분위기는 침체할 것입니다.

2025년을 시작으로 지하자원류에 페깅된 위안화 등 브릭스 측의 여러 CBDC를 보게 될 것입니다. 이는 XRP 중심의 SWIFT2.0이 연결할 것이고 가상자산의 버블은 이 CBDC의 공급으로부터 거세게 시작될 것입니다.

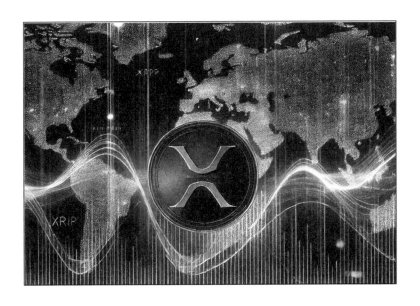

향후 세계 경제 발전의 중심은 중국이 주도하는 브릭스 국가들이 될 것이기 때문에 향후 세계의 기축통화 체제도 그들이 중심에 선 G20가 결정할 것입니다. 기존 페트롤달러 체제에서는 미국 중심의 G7이 전 세계 모든 정책의 핵심 중추 역할을 진행해 왔습니다. 중국, 러시아, 인도를 중심으로 한 브릭스는 금을 비롯한 모든 자원과 석유, 가스를 포함해서 향후 다극형 기축통화의 가치를 뒷받침하는 CBDC 세계 체제를 출시할 것입니다. 이것은 러시아-우크라이나 전쟁 시작 직후 세계 경제의 대전환을 정확하게 예측한 분석가 졸탄 아자르의 '브레튼우즈 3.0'이라고 부른 신세계 통화체제입니다.

세계적인 기축통화 체제는 미국 단독 패권의 페트롤달러 본위제가 무너져 브릭스 등 G20 중심의 다극체제하에 모든 자원을 기반으로 한 신통화체제가 탄생할 것입니다.

중국과 인도, 브릭스 국가들이 러시아에서 지하자원류를 왕성하게 사는 이유는 구입한 자원류에 자국통화를 묶어 모든 자원 본위제를 형성하기 위한 기반을 준비하기 위해서입니다. 가상자산 기반을 강화하기 위해 러시아가 팔지 못하게 된 자원류를 중국 등 브릭스가 계속 살 것입니다. 자원 중심의 브레튼우즈 3.0 시스템을 시작하기 위해서 미국 채권 세계 최대의 보유국인 중국이 미국채를 팔면 미국채의 금리가 상승해 미국 금융은 서서히 붕괴해 나갑니다.

중국, 인도 등 브릭스 국가들이 자원류를 매입할수록 미국 측은 살 수 있는 자원류가 줄어 인플레이션이 극심해집니다. 금리 상승과 인플레이션 악화로 미 패권이 무너져 다극체제로 전환됩니다.

지난 수년간 중국과 인도는 계속 러시아의 자원류를 매입하고 있습니다. 중국은 세계 알루미늄의 절반 이상을 생산하고 있는데 러시아와 인도를 더하면 세계의 70% 가까이 생산하고 있습니다. 브릭스가 결속하면 미국 측은 알루미늄 부족에 빠지게 됩니다(이미 가격은 급등하고 있습니다).

미국 등 G7은 최근 반도체 등 하이테크 분야에서 중국과의 무역관계를 단절해 나가는 방향을 세우고 있습니다. 이는 중국을 곤란하게 만드는 경제 제재의 핵심 정책입니다.

그러나 이 정책에 의해 곤란한 것은 중국이 아니라 미국 측입니다. 중국은 그동안 미국 측에서 반도체를 사서 미국 측 기술을 사용해 반도체를 제조해 왔지만, 앞으로 미국 측에서 제재를 하게 되면 중국은 자체적으로 반도체를 만드는 인프라를 강화할 것입니다. 그렇게 몇 년이 지나면 중국은 미국과 서방 측에 전혀 의존하지 않고 반도체를 만들게 됩니다.

세계 경제의 대부분을 차지하는 브릭스 측이 미국 측 반도체가 아닌 중국제를 수입하게 되고 미국 측은 경제 자멸이 가속화할 것입니다. 미국 등 G7의 반도체 산업은 이 시나리오를 알고 있으므로 G7의 대중 제재에 반대하고 있습니다. 미국 금융계도 "반도체의 미·중 단절은 불가능하다."고 말했습니다.

G7 국가들은 반도체뿐만 아니라 배터리에 관해서도 중국 의존을 해소하려고 합니다. 이것도 불가능한 것으로 무리하게 진행하면 미국 측은 전기차도, PC도 얻을 수 없게 됩니다. G7 국가들의 산업계는 그만두라고 간청하고 있습니다. 그래도 미국 정부는 일본 등 G7 동맹국가들에게 중국과의 단절을 무리하게 요구하고 있습니다. G7

은 회원국들을 자멸시키는 중심에 서 있습니다.

일본은 러시아의 사할린으로부터 천연가스를 수입하고 있습니다. 이것도 어쨌든 미국의 명령으로 제재가 들어가지만 러시아로부터 직수입하는 것이 아니라 중국에 수출된 사할린의 천연가스를 다시 일본으로 들여오는 것입니다.

G7은 반도체에서 중국과의 관계를 단절하려 하지만 한국은 그 구멍을 채우고 중국과의 반도체 거래를 늘리려 하고 있습니다. 미국은 일본에게 중국 적대를 강요하고 있지만, 대조적으로 한국에 대해서는 친중국 자세를 묵인하고 있습니다. 미국은 한국이 중국의 영향권 내임을 인정하고 있고, 한국은 중국을 중심으로 한 한·중·일 동아시아 연합에서 글로벌리스트로서 중요하기에 은밀하게 허락하는 것입니다.

PART 2

트럼프 부활로 다가온
세계 경제 대공황에서 살아남기

CRYPTO SIGNAL

01

트럼프의 재임으로
벌어질 현실적 시나리오

도널드 트럼프가 다시 미국 대통령이 되었습니다. 트럼프 정부에서
벌어질 수 있는 여러 시나리오를 경제, 금융, 인플레이션, 미국 및 G7
의 미래 측면에서 분석해 보겠습니다.

경제와 인플레이션

경제 정책의 변화

트럼프는 이전 임기 동안 규제 완화와 세금 감면을 통해 경제 성장을 촉진하려 했습니다. 재임 시에도 비슷한 접근 방식을 취할 가능성이 큽니다. 이러한 정책은 단기적으로 경제 성장을 촉진할 수 있지만, 장기적으로는 재정 적자 증가로 이어질 수 있습니다.

인플레이션

트럼프의 재정 정책이 계속된다면 경기 과열로 인한 인플레이션 압력이 증가할 수 있습니다. 미국 연준은 인플레이션 통제를 위해 금리 인상을 고려할 수 있지만, 이는 경기 둔화로 이어질 위험이 있습니다.

달러와 가상자산

달러 가치

트럼프의 미국 우선주의 정책이 지속된다면 무역 불균형과 재정 적자가 달러 가치를 압박할 수 있습니다. 트럼프의 대외 정책이 불확실성을 초래할 경우 안전자산으로서의 달러 수요가 변동할 수 있습니다.

가상자산

트럼프는 가상자산에 대해 부정적인 입장을 보였지만 가상자산 시장은 전반적인 규제와 정책 변화에 따라 영향을 받을 것입니다. 불확실성 증가와 인플레이션 압력은 비트코인과 같은 가상자산에 대한 관심을 높일 수 있습니다.

미국과 G7의 미래

미국의 국제적 입지

트럼프의 미국 우선주의 정책은 G7 및 기타 국제기구와의 협력에 부정적인 영향을 미칠 수 있습니다. 이로 인해 미국은 국제적 협력보다는 독자적인 정책을 추구할 가능성이 큽니다.

G7 내 갈등

미국과 다른 G7 국가 간의 경제 및 외교 정책의 불일치가 심화될 수 있습니다. 특히 기후 변화, 무역, 안보 문제 등에서 미국과 다른 G7 국가들 간의 이견이 확대될 가능성이 큽니다.

경제적 리더십

미국이 다자주의보다는 일방주의를 선호할 경우 중국과 같은 다른 대국이 경제적 리더십을 강화하려 할 것입니다. 이는 글로벌 경제 질서에 큰 변화를 초래할 수 있습니다.

요약하면 트럼프가 다시 대통령이 되었으므로 경제와 인플레이션,

달러와 가상자산, 그리고 미국과 G7의 미래에 다양한 영향을 끼칠 것입니다. 이러한 변화는 단기적으로는 경기 부양을 촉진할 수 있지만, 장기적으로는 재정 적자, 인플레이션 압력, 국제 협력 약화 등으로 인해 경제적 불확실성을 증대시킬 수 있습니다.

트럼프가 다시 대통령이 되었기에 방위비와 관련하여 미군의 전 세계적 배치에 변화가 생길 가능성이 있습니다. 구체적으로는 다음과 같은 시나리오를 생각해 볼 수 있습니다.

미군 배치의 축소 가능성

방위비 분담 압박

트럼프는 이전 임기 동안 동맹국들이 더 많은 방위비를 부담할 것을 요구했습니다. 이제 유사한 압박이 계속될 것입니다. 만약 동맹국들이 방위비 분담 요구에 부응하지 않으면 트럼프는 미군의 배치를 축소하거나 철수할 가능성이 있습니다.

해외 주둔군 감소

트럼프는 미국 우선주의 정책의 일환으로 해외 주둔 미군의 감축을 고려할 수 있습니다. 이는 유럽, 아시아 등 주요 지역에서 미군의 존재감이 줄어드는 결과를 초래할 수 있습니다. 특히 독일, 한국, 일본 등 주둔군 규모가 큰 국가에서 감축이 이루어질 가능성이 있습니다.

군사비 절감

국내 재정 부담을 줄이기 위해 해외 군사비를 절감하고, 그 자금을 국내 인프라나 경제 지원에 사용하는 정책을 추진할 수 있습니다.

중국의 반응과 전략

군사적 확장

중국은 남중국해, 대만해협, 동중국해 등에서 군사적 활동을 강화할 것입니다. 미국의 주둔군 축소는 중국의 군사적 영향력을 확대할 기회를 제공합니다.

경제적 영향력 확대

일대일로一帶一路 전략을 통해 아시아, 아프리카, 유럽 등지에서 경제적 영향력을 강화할 것입니다. 미군의 존재가 약화된 지역에서 중국의 경제적 영향력이 커질 수 있습니다.

러시아의 반응과 전략

유럽 내 영향력 강화

러시아는 동유럽과 발트해 지역에서 군사적 활동을 증가시킬 가능성이 큽니다. NATO 동맹국들이 미국의 군사적 지원 부족으로 인해 취약해질 경우 러시아는 이를 이용해 영향력을 확대할 것입니다.

정치적 개입

러시아는 유럽 내 정치적 불안정을 조장하여 자국의 영향력을 강화할 수 있습니다. 이는 에너지 공급, 정보전 등 다양한 방법으로 이루어질 수 있습니다.

요약하면 트럼프가 대통령으로 재임하는 동안 미군의 전 세계적 배치에 변화가 있을 가능성이 큽니다. 이는 동맹국들에게 방위비 분담을 더 요구하고, 해외 주둔군을 축소하거나 철수하는 방향으로 진행될 수 있습니다. 이러한 변화는 중국과 러시아가 군사적, 경제적, 정치적 영향력을 확대하는 기회로 작용할 수 있습니다. 따라서 미국의 군사적 재배치는 국제 질서와 힘의 균형에 중대한 영향을 미칠 것입니다.

트럼프가 다시 대통령이 되었기에 관세 인상 정책과 새로운 이민 정책은 다양한 경제적, 사회적 변화를 초래할 수 있습니다. 각각의 정책이 미칠 수 있는 영향을 구체적으로 살펴보겠습니다.

관세 인상 정책

무역 전쟁의 재개

트럼프는 중국과의 무역 전쟁을 다시 시작하거나 강화할 가능성이 큽니다. 이는 중국뿐만 아니라 다른 국가들과의 무역 갈등을 심화시킬 수 있습니다. 미국이 주요 수입품에 대해 높은 관세를 부과하면 해당 국가들도 보복 관세를 부과할 가능성이 큽니다.

소비자 가격 상승

관세 인상은 수입품 가격 상승으로 이어지며, 이는 소비자 물가에 직접적인 영향을 미쳐 생활비를 증가시킬 수 있습니다.

기업 비용 증가

미국 내 기업들은 수입 원자재와 부품의 비용 상승으로 인해 생산 비용이 증가하게 됩니다. 이는 기업의 이윤 감소와 생산성 저하를 초래할 수 있습니다.

글로벌 공급망 혼란

관세 인상은 글로벌 공급망에 혼란을 초래하여 무역 흐름을 방해할 수 있습니다. 이는 세계 경제 전반에 부정적인 영향을 미칠 수 있습니다.

제조업 부흥

트럼프는 관세 인상을 통해 국내 제조업을 보호하고 부흥시키려 할 것입니다. 일부 산업에서는 이러한 정책이 긍정적인 효과를 낼 수 있지만, 전체 경제에 미치는 영향은 복합적일 수 있습니다.

새로운 이민 정책

이민 제한 강화

트럼프는 불법 이민 단속을 강화하고 합법 이민 절차를 더욱 엄격하게 할 가능성이 큽니다. 이는 이민자 수 감소로 이어질 것입니다. 국경 장벽 건설 등 물리적 장벽을 통한 불법 이민 차단 노력이 강화될 수 있습니다.

노동력 부족

이민 제한은 특정 산업, 특히 농업, 건설, 서비스업 등 이민 노동자 의존도가 높은 산업에서 노동력 부족 문제를 초래할 수 있습니다.

임금 상승 압력

노동력의 공급 감소는 임금 상승 압력을 증가시킬 수 있습니다. 이는 일부 근로자에게는 긍정적이지만, 기업 비용 증가로 이어질 수 있습니다.

기술 인력 감소

고급 기술 인력의 이민이 제한되면 기술 발전과 혁신에 부정적인 영향을 미칠 수 있습니다. 이는 장기적으로 미국의 경쟁력을 약화시킬 위험이 있습니다.

사회적 갈등

이민 정책 강화는 사회적 갈등을 증대시킬 수 있습니다. 이민자 커뮤니티와 기존 주민들 간의 긴장이 높아질 수 있습니다.

문화적 다양성 감소

이민 제한은 미국 사회의 문화적 다양성을 감소시키는 결과를 초래할 수 있습니다.

요약하면 트럼프가 대통령으로 재임하는 동안 관세 인상 정책과 새로운 이민 정책은 미국 경제와 사회에 다양한 영향을 미칠 것입니다. 관세 인상은 무역 갈등을 심화시키고 소비자 가격을 상승시키는 반면, 일부 산업에서는 보호 효과가 있을 수 있습니다. 이민 제한 정책은 노동력 부족과 임금 상승을 초래할 수 있으며, 사회적 갈등과 문화적 다양성 감소를 야기할 수 있습니다. 이러한 변화는 미국 내 경제적 불확실성을 증가시키고, 국제적으로는 무역 관계와 글로벌 경제 질서에 중대한 영향을 미칠 수 있습니다.

02

가상자산이 결국
대중의 마지막 생존 수단인 이유

향후 수십 년간 인도와 나이지리아를 위시한 몇 개 국가를 제외하고 G7을 중심으로 한 다수의 선진국은 고령화 가속화로 인한 인구 감소로 인해서 실물경제가 축소될 가능성이 높습니다. 2019년 말 급작스레 발생한 코로나19로 인해 대중이동은 전염병 확장 억제라는 명분 아래 통제됐고 세계 제조업 인프라는 파괴됐습니다. 그로 인해 경제는 침체되고 실업자는 급격히 늘어났습니다. 그 프레임을 그대로 침몰하는 세계 경제에 덮어씌워 점진적 현물경제 축소를 위장하고 있지만 사실상 경제가 하락세를 걸을 거라는 예상은 벌써 5년 전부터 많은 경제학자가 외쳐 왔습니다.

고령화로 인한 생산과 소비의 현물경제 축소로 인해서 향후 필연적으로 글로벌 금융세력 자본이 물리적 세상에서 가상현실을 기반으로 한 디지털 세상으로 이동할 수밖에 없습니다. 이 현상에서 큰 축의 이동은 가상자산 시장과 명백히 관련이 있습니다.

코로나19 등 전염병이 세계적으로 유행하면서 인류의 모든 에너지는 물리적 현물경제를 기반으로 한 세상에서 비물리적인 세상으로, 비대면을 기반으로 한 플랫폼들이 강화된 세상으로 이동하고 있습니다. 그런 중요한 현상으로 인해서 가상자산도 결국에는 가치증명이될 것입니다.

제2의 코로나 사태가 발생한다면 본격적인 재택근무 시대가 되고 초등생부터 대학생까지 온라인 수업이 일시적이 아니라 일상화될 것입니다. 현재의 주기적인 재택근무와 온라인 강의는 근시일에 일상이 될 것입니다.

실물경제가 꺾이는 사례를 들어보겠습니다. 대학가 상권의 주거 건물이나 상가 건물들도 저출산과 고령화로 인해 인구가 감소함으로써 결국에는 학생들의 사용률이 줄고 점점 공실이 늘어날 것입니다. 거기에다 온라인 비대면 강의가 일상적으로 우리 생활에 들어오기 시작하면 과연 이 상권은 어떻게 될까요? 결론은 망하게 됩니다.

이것은 대학가 상권에 국한된 자영업자에게만 해당하는 예측이 아니라 현물경제를 기반으로 활동하는 사람 모두에게 적용될 위기 시나리오일 수 있습니다. 상가 거리에 오가는 사람이 지금보다 극적으로 많이 감소하고 인구도 지속적으로 감소한다면 과연 어떻게 될까요? 이 현물경제 가치는 어떻게 될까요?

손님이 없으면 당연히 상권 자체가 몰락할 수밖에 없습니다. 권리금이 떨어지고 궁극적으로 건물의 가격도 떨어질 수밖에 없습니다.

아마도 이에 반감을 갖는 사람도 있을 것입니다. 그러나 이것은 일상화될 것입니다. 그 이유는 어차피 인구 수는 감소할 수밖에 없다는 분명한 전제가 있기 때문입니다. 출생아 수 및 사망자 수에 관한 그래프를 본다면 확실하게 이해할 수 있을 것입니다. 2027년까지는 사망자 수도 늘어나고 출생자 수도 거의 비례해서 늘어납니다. 재미있는 것은 이 구간을 지나면 사망자 수가 급격하게 늘어나기 시작합니다. 2067년이 되면 이 갭이 더 많이 벌어집니다.

사람들은 점점 자신의 잣대로 만들어 낸 개인주의적 성향, 혹은 금전적 이유로 결혼도 출산도 지양합니다. 이런 시대 흐름은 다음 세대에 극대화될 것입니다. 당연히 출생률이 감소할 수밖에 없고, 사망자 수도 지연되고, 세상은 고령자가 많아지는 비효율성이 지배하는 세상으로 변해 갈 것입니다. 그래서 실물경제가 결국 축소할 거라고 주장하는 것입니다.

결국에는 이런 현상이 부동산 시장이든 주식 시장이든 모든 산업에 적용될 것입니다. 이런 축소 현상이 대량 생산 체제에 있다면 그것도 다 축소돼서 생산, 소비의 파이가 축소될 것입니다. 이런 현상으로 인해 국가에서 거둬들이는 세금도 당연히 줄어들 수밖에 없을 것입니다.

연령 계층별 인구 구조에 관한 자료를 보면, 1960~80년대에는 젊은 층이 노인 인구보다 훨씬 많았습니다. 2000년대 들어 젊은 층 인구가 지속적으로 계속 하락하기 시작합니다. 여기서 젊은 층은 15~64세에 해당하는 경제 활동 인구 중심 축을 말합니다. 그런데 2067년이 되면 65세 이상 노인 인구가 전체 인구에서 거의 50%를 차지합니다.

이렇게 노인이 많이 늘어난다는 통계는 무엇을 암시할까요? 노인들이 소비 활동을 많이 할까요? 그렇지 않을 것입니다. 결국엔 역동적으로 움직이던 경제가 성장이 더디게 됩니다. 이렇게 실물경제 축소가 일어납니다.

역사적으로 보면 1차 산업혁명 때는 증기기관이 발전하면서 많은 인구가 대량 생산 체제에 있었고, 2차 산업혁명 때는 하나의 일에 4명의 사람이 필요했습니다. 그런데 3차 산업혁명 때는 4명이서 일하던 것이 2명으로 줄어들었습니다. 그렇게 세상은 발전 속에 변화되었고, 4차 산업혁명 구간으로 진입하면서는 사람이 필요 없는 세상이 되고 있습니다.

사회적 기술과 역사적 산업혁명의 전개

1차 산업혁명부터 3차 산업혁명까지는 점진적으로 흘러갔습니다. 그런데 4차 산업혁명에 들어가면서 기술력 발전에 갑자기 가속도가 붙어 문명의 발전 속도는 극초음속으로 전개됩니다. 선에 없었던 세상으로 급격히 나아가고 있습니다. 3차 산업혁명 때에도 로봇이 산업에서 분명히 쓰였지만, 거기에 인공지능이 들어가서 지금과는 판이하게 다른 세상이 될 것입니다.

AI 기술을 핵심 동력으로 상품의 생산, 유통, 소비 전 과정이 연결되고 지능화될 것입니다. 사람들이 일할 수 있는 일자리가 없어지고, 종국에는 국가에서 세금을 취할 곳이 없어집니다. 과연 중앙정부는 어디서 세수 창출을 할 수 있을까요?

국가가 존속하려면 사람들이 결혼을 하고, 아이를 낳고, 이 사람들이 사회에 나가서 활동을 많이 해야 하는데 그럴 만한 곳이 점진적으로 사라지게 됩니다. 코로나19로 시작된 온라인 강의도 앞으로는 일상화될 것이고 재난기본소득제는 기본소득제로 정착될 것입니다.

그럼 향후 국민에게 지급될 재난소득의 재화는 어디서 나올까요? 현물경제 축소로 세금을 거둬들일 수가 없고, 사람도 계속 줄고 있는데 말입니다.

불황의 시대에 기업 또는 직업을 가진 국민에게 세금징수액을 계속 인상할 수 있을까요? 국민들은 가뜩이나 쪼들리는 가계소득에 세금이 인상된다면 종국에는 대규모 시위로 확산될 것입니다.

그레이스케일을 가상자산 투자의 지표로 많이 추종하듯이 IMF 같은 데서 이런 식으로 인구 구조 변화에 관해서 말을 합니다. 먼저 다른 선진국 중심 나라들을 보면 브릭스 중심 국가들보다 젊은 층 인구가 약합니다. 중국이 지금 국내총생산GDP, 국민총생산GNP이 다른 나라들보다 되게 많이 올라가고, 인도나 인도네시아도 마찬가지로 그렇게 올라갈 수밖에 없는 이유는 인구 구조에서 젊은 층이 두텁기 때문입니다. 미디어에서는 중국도 고령화로 침체할 거라고 주장하지만 G7을 중심으로 한 선진국들의 고령화가 더욱 심합니다.

이런 현상이 한국에만 국한된 것은 아닙니다. 북미도 마찬가지입니다. 그래서 젊은 층이 중심이 되는 브릭스 국가로 향후 자본이 많이 이동할 것이고 이런 국가들의 GDP, GNP 상승률이 G7을 압도할 것입니다.

벌써 고령화 추세가 엄청나고 사회 자체가 죽어 가고 있습니다. 그래서 투자 시장도 북미에서 중국이나 인도 위주로 많은 자본이 이동할 거라고 예측합니다. 그렇다고 이들 나라들이 전 세계를 점령하는 패권국이란 걸 뜻하는 건 아닙니다. 경제적인 측면에서 그렇다는 것입니다. 세상은 기존 미국을 중심으로 한 G7 중심에서 브릭스를 중심으로 한 G20로 큰 에너지는 이동이 수년 전에 시작됐고 향후 가속화될 것입니다.

왜 물리적인 세상에서 비물리적인 세상으로 자본이 이동하고, 국가는 거기서 세수 창출을 할 수밖에 없을까요? 2017년 넥슨이 가상자산 거래소 코빗을 912억 원에 인수했습니다. 가상자산 거래소의 수익률이 엄청나게 올라갈 때였습니다. 그러면 지금 상황은 어떨까요? 지금 코빗의 수익률이 없기 때문에 넥슨이 이 가상자산 거래소를 없앴을까요? 그건 아닙니다. 지금까지 적자 상태인데도 불구하고 계속 유지하는 데는 분명히 이유가 있을 것입니다.

빗썸, 코인원, 업비트, 코인베이스, 폴로닉스는 누구 자본일까요? 이 가상자산 거래소들 뒤에 있는 자본은 과연 누구 것일까요? 빗썸의 주인 자본일까요? 코인원의 수인 자본일까요? 이면에는 이미 거대 자본이 얼키설키 그물망같이 엮여 있습니다.

금융세력의 진짜 마지막 목적은 과연 무엇일까요? 그들은 왜 가상자산 거래소에 투자를 했을까요? 넥슨에서 개발한 피파라는 게임에 비피라는 머니가 있는데, 이게 300만 원입니다. 비트코인이나 암호화폐와 견주어서 말하자면 뭔가 이상야릇한 게 보입니다. 자라나는 세대들은 게임을 많이 합니다. 외부 활동이 줄어들면 게임 산업이 번

창할 수밖에 없습니다. 스트리밍 서비스나 이커머스 등도 마찬가지입니다.

물리적으로 멀리 떨어진 쇼핑센터에 가지 않더라도 가상현실로 쇼핑할 수 있는 플랫폼들이 현실화되고 있습니다. 그럼 물리적인 세상은 어떻게 될까요? 일반적인 마켓들의 많은 자본이 지금 온라인으로 옮겨 가 있는데 상권들은 어떻게 될까요? 향후 실질적으로 직접 가지 않아도 물건을 사고 VR를 쓰고 쇼핑을 할 수 있는 세상이 도래하고 있습니다. 그런 세상은 우리 예상보다 빨리 올 것입니다. 물리적 산업을 기반으로 한 모든 에너지는 가상현실을 기반으로 한 새로운 생태계로 이동할 것입니다.

모든 레거시금융 자본은 결국에는 디지털 세상으로 옮겨 갈 것입니다. 디지털 세상이 확장한다면 가상자산 시장도 결국에는 엄청나게 급등하고, 향후 몇십 년간 부의 축적 수단으로서 제2의 주식 시장으로 자리 잡을 것입니다.

03

세계는 지금,
가상자산의 미래?

러시아-우크라이나 전쟁이 EU와 NATO를 파괴하고 있습니다. 2024년 초까지만 해도 NATO의 승리로 보였지만 현재 러시아는 돈바스를 점령했습니다. 미디어는 러시아의 패전을 얘기하지만 팩트는 돈바스 점령입니다. 미국이 유럽을 지배하면서 러시아와 적대하는 냉전 구조의 기관이었던 NATO는 1990년대 냉전 종결과 함께 일단 역할을 마쳤습니다.

미국은 부시의 단독 패권주의와 트럼프의 패권 포기에 의해 유럽으로부터 신뢰를 잃었습니다.

2024년 대선에서 트럼프가 승리했으니 미국은 2030년까지 달러 수출을 급격히 줄이고 새로운 정책 노선으로 내수 시장을 확장할 것입니다. 달러는 100년이란 세월을 지배했습니다. 급작스런 달러의 사망은 경제 붕괴와 혼란을 초래한다는 것을 알기에 시간 프레임을 길게 가져가는 것입니다.

미국 권력부는 러시아-우크라이나 전쟁 초반에 미디어 통제로 러시아가 질 것 같은 느낌을 계속 만들었습니다. 단기간에 미국·유럽·우크라이나가 이겨 러시아가 패배·양보하고, 다시 러시아에서 유럽으로 싼 석유, 가스 자원류가 수출되어 유럽 경제의 성장이 돌아오는 시나리오를 그렸습니다.

하지만 실제로는 러시아의 우세로 전쟁이 장기화하고 러시아에서 유럽으로의 석유, 가스 수출이 멈춘 채 러시아는 유럽으로 보내는 만큼의 석유, 가스를 중국, 인도에 보내고 있습니다.

유럽의 심장인 독일을 필두로 유럽은 경제의 붕괴가 심해지고 석유, 가스, 식량 등의 가격 상승과 부족이 이어져 시민들의 생활이 힘들어지고 있습니다. 많은 지역에서 난방과 식량이 부족하여 기아나 동사의 위험이 늘어나고 경기 침체로 인해 실업과 인플레이션이 심

해지고 있습니다.

사람들의 불만을 억누르기 위해 많은 유럽 민주주의 국가에서 전체주의적 노선을 강화하고 있습니다. 이는 향후 수년에 걸쳐서 프랑스, 이탈리아를 필두로 확산할 것으로 예상됩니다. 배고픔에 지친 시민들은 폭도로 변할 것이며 공권력은 지금보다 강화될 것입니다. 이것은 비단 유럽만의 문제는 아닐 것으로 예상됩니다. 일부 미디어는 러시아-우크라이나 전쟁을 미국이 구축했다고 보도했고, 대부분의 유럽 시민이 그렇게 생각하게 되었습니다. 정부에 불만을 가진 시민이 각지에서 대러 화해나 경제 제재 종료, NATO 탈퇴나 대미 자립을 요구하는 반정부 집회나 데모에 참가하고 있습니다. 이는 향후 수많은 국가가 엮인 EU와 NATO의 와해를 초래할 가능성이 높습니다.

미국 측 언론은 이러한 현상을 대중에게 절대로 보도하지 않습니다. 독일 등 많은 유럽 국가에서는 지금까지 중도좌파와 우파의 2대

연립 정당군의 엘리트들이 계속 권력을 쥐고, 미국 권력층이 EU 정치지도자들을 조종하고 유럽을 대미 종속 상태에 머물게 했습니다.

우파 포퓰리스트들은 대부분 유럽이 괴롭힘과 금융 버블을 밀어붙이는 미국보다 석유, 가스 자원류를 싸게 파는 러시아와 친교하는 것이 좋다고 주장하고 있습니다. 유럽 엘리트들이 대러시아 제재와 대러시아 승리를 고집할수록 현 정권은 유럽 유권자들에게 지지를 받지 못하게 되어 의석과 권력을 잃고, 대미 자립과 친러시아적인 우파 포퓰리스트가 유럽의 권력을 쥐게 될 것입니다. NATO 이탈을 요구하는 유럽 시민들이 봉기할 것입니다. 미 패권, NATO, EU를 강화하는 것처럼 보인 러시아-우크라이나 전쟁은 정반대로 미 패권, NATO, EU를 약체화하고 자멸시키고 있습니다. 현재 서서히 대중이 의식하지 못하게 벌어지고 있는 일들입니다.

이것은 패권을 운영하는 미국 권력부의 과실로 인한 실책일까요? 아마 그렇지 않을 것입니다. 이번 전개와 매우 비슷한 움직임이 2001년 9·11테러부터 이라크 전쟁, 시리아 내전까지 테러 전쟁 시기에도 있었습니다. 9·11테러로 시작된 테러 전쟁은 미 권력부가 키운 이슬람 과격파에게 테러를 시켜 미 패권을 강화하는 장기 전략의 일이었지만, 실제로는 미국 정권 중추의 네오콘 등이 (의도적으로) 지나치게 과격하고 치열하게 해서 미국의 국제신용과 패권을 낭비, 실추시키는 결과가 되었습니다.

테러 전쟁의 실패는 과실로 인한 우연의 결과가 아닙니다. 미 패권을 자멸시켜 패권 구조를 전환·다극화하기 위한 의도적인 정책이었습니다. 러시아-우크라이나 전쟁에 의한 구미의 자멸은 테러 전쟁에 대한 패권 실추의 연장에 있으며, 과실의 결과가 아니라 의도적인 다극화 정책입니다. 대러시아 제재에 의한 유럽의 경제나 시민 생활의 파탄은 앞으로 더욱 심해질 것입니다.

반면 미국 권력부는 유럽의 정치지도자들을 심하게 괴롭히고 있습니다. 이 때문에 기존 엘리트들이 시민의 생활고와 민의를 무시하고 수단을 가리지 않고 대미 종속적인 러시아 제재를 시도하는 움직임이 계속됩니다.

러시아를 반대하는 정치세력과 거기에 반대하는 민의와 우파 포퓰리스트가 유럽을 분열시켜 EU나 NATO가 결정 불가능한 상태를 계속하는 상황은 앞으로도 계속될 것입니다. 그것은 GDP, GNP에 직관적으로 나타날 것입니다.

EU에는 통화를 유로로 사용하는 국가가 많고 통화가 통합되어 있어 회원국이 쉽게 이탈할 수 없습니다. EU는 붕괴되는 것이 아니라, 최종적으로 유로존이 친미 노선에서 이탈해 반미 측으로 전환될 것입니다. 그 시작이 2024년 독일 숄츠 총리의 중국 방문입니다.

현재 헝가리는 EU와 NATO에 가입했습니다. EU도 NATO도 중요 사항 결정이 만장일치제이므로 헝가리 때문에 의사결정이 어려워지고 있습니다. EU 당국은 헝가리를 적국으로 취급하기 시작했습니다. 이탈리아도 선거에서 우파 포퓰리스트가 정권을 잡았습니다. 이러한 경향이 더욱 진행되어 EU도 NATO도 결국 그 영향권에 들어갈 것입니다.

향후 미국에서 공화당의 권력이 늘어날수록 미국은 우크라이나를 지원하지 않게 되고, 반대로 젤렌스키의 부정과 전쟁범죄 행위를 문제삼게 될 것입니다. 러시아-우크라이나 분쟁은 현 유로존 정치부가 권력을 잃고, 반미국 친러시아 우파 포퓰리스트의 세력이 EU를 탈취할 때까지 계속될 것입니다. 물론 전 세계 인플레이션을 수반한 분쟁의 장기화는 이르면 2025년 상반기경에 끝날지도 모릅니다. 그때까지 미국 금융 시스템의 붕괴가 일어날지도 모릅니다. 미 정치권을 움직이는 다극파가 여러 가지의 타이밍을 일치시키고 있는 느낌이 듭니다.

미국은 중간선거를 앞두고 NATO가 러시아 국경 근처에서 군사를 전개해 세계대전이 될 것 같은 느낌을 미디어를 통해서 연출했습니다. 왜 한반도에서도 때가 되면 김정은이 미사일을 매일 발사할까요?

G7 국가 중 하나인 일본은 러시아와 천연가스 개발과 관련한 두 합작사업 중 벌써 지속을 결정한 사할린 2뿐만 아니라 사할린 1도 러시아와 협조해 나가기로 했습니다.

이것이 일본의 'G7 탈락'입니다. 일본 정부는 EU와 달리 국민 생활과 경제 유지를 우선해 미국 주도의 반러시아를 따르지 않고 조용히 무시, 이탈해 사할린에서 천연가스를 수입하기로 했습니다.

일본이 이탈하면 러시아는 사할린 1과 2의 이권을 중국으로 재판매하고 다시 일본으로 돌아오지 않게 됩니다. 그것은 바로 일본의 자멸로 이어집니다. 이 때문에 일본 정부는 언뜻 대미 종속처럼 보이지만 실은 몰래 친미에서 '탈락'해 빠져나와 현실적인 반미화 노선을 조용히 진행하고 있습니다.

독일은 러시아뿐만 아니라 중국도 반대해 왔지만, 일본은 대조적으로 향후 다극형의 아시아 패권을 잡을 중국이나 러시아와 협조 관계를 유지하고 있습니다. 일본은 국제정치의 외교력이 낮아 보이지만 미국 몰래 실리를 챙깁니다.

2024년 서울에서 한·중·일 정상회담이 개최되었습니다. 이번 회담은 4년 만에 처음 열리는 회담으로 경제협력, 무역, 공공보건, 지속가능한 발전 등 다양한 분야에서 협력을 강화하기 위한 논의가 이루어졌습니다.

주요 결과 중 하나는 한·중·일 자유무역협정FTA 협상의 재개에 대한 합의였습니다. 2019년 이후로 중단된 협상이 이번 정상회담을 통해 다시 주목받게 되었으며, 세 나라는 경제 및 무역 연결성을 강화하고 안정적인 공급망을 유지하는 데 중점을 두기로 했습니다.

또한 세 나라는 경제공동화를 통해 산업 및 공급망의 안정성과 원활함을 유지하고, 경제협력을 강화하는 데 합의했습니다. 이를 위해 투명하고 예측 가능한 무역 및 투자 환경을 조성하고, 디지털 전환 및 기술 협력을 추진하기로 했습니다.

이번 정상회담에서는 한·중·일 협력의 10년 비전도 논의되었으며, 기후변화 대응, 지속가능한 발전, 문화 교류 등의 분야에서도 협력을 강화하기로 했습니다. 특히 2025~26년을 한·중·일 문화 교류의 해로 지정하여 사람 간의 교류를 확대하고 상호 이해를 증진시키기로 했습니다. 이와 같은 회담은 세 나라가 지역 경제 회복 및 글로벌 경제 회복에 기여할 수 있는 중요한 계기가 될 것으로 보입니다.

04

오래전부터 준비된 금융 세력의 마지막 그림

메타(구 페이스북)가 비트코인을 필두로 조성한 전자결제 생태계는 2017년 이전부터 이미 진행 중이었습니다. 그들이 그리는 마지막 그림은 무엇일까요?

무슨 소리냐고요? SNS 중심 플랫폼인 페이스북이 무슨 금융업에 진출하냐고요? 말이 안 된다고 하는 사람이 많을 것입니다.

BTC, ETH에 투자한 대다수 사람은 비트코인이 페이스북 시총을 추월하기를 바랍니다. 2011년부터 메타는 크레딧으로 가상자산 생태계 도전에 들어갔습니다. 물론 지금과 같은 블록체인은 아닙니다.

페이스북 크레딧은 서비스 종결을 알렸지만 지난 수년간의 노하우는 이미 기업 내에 흡수되어 또 다른 서비스를 준비 중입니다. (페이스북은 아지모Azimo, 모니 테크놀로지Moni Technologies, 트렌스퍼와이즈TransferWise 세 곳의 국제 송금 서비스 스타트업과 제휴하기 위해 접촉한 것으로 알려졌습니다.)

알리바바도 영국에 전자화폐 업무 허가신청을 '은밀하게' 제출했습니다. 알리바바의 금융결제부문 자회사 '앤트파이낸셜Ant Financial, 蚂蚁金服'은 알리페이를 통해 이미 2023년 기준 17억 명의 사용자를 확보했습니다. 한 해 동안 사용자 1억 명을 늘리는 놀라운 성과를 보였습니다.

알리페이는 한국과 인도, 홍콩 등 아시아 주요국에서 이미 활동하고 있어 하루 결제건수가 2억 5,000만 건에 이릅니다. 영국이 알리바바에 허가를 내주면 유럽에서 결제뿐 아니라 소액대출까지 할 수 있게 됩니다.

아마존은 미국과 영국, 일본을 연결하면서 이미 누적 15억 달러의 소상공인 대출을 실행했고, 2023년 대출잔액이 4억 달러 수준에 이르렀습니다.

엑센추어가 실시한 18개국 3만여 명에 대한 설문에서 글로벌 은행과 보험 고객들의 3분의 1은 가능하다면 계좌를 구글, 아마존, 페이스북으로 옮기고 싶다고 답변했습니다.

이 같은 고객 흐름에 더해 내년부터 시행되는 새로운 EU금융규제 PSD2는 상황을 더 위급하게 만들고 있습니다. 이 규정에 따르면 은행들은 고객의 요청이 있으면 해당고객 정보를 제3자(이들 대형 기술업체)에게 제공해야 합니다.

금융 서비스 전문 컨설팅회사 올리버 와이먼Oliver Wyman의 크리스 맥밀란Chris McMillan 파트너는 "첨단기술 기업이 개인과 상인 계좌에서 바로 이체를 하기 때문에 카드회사는 필요 없게 된다."면서 "첨단기술로 고객 계좌정보 등을 한곳에 모아 관리하도록 해 준다."고 설명했습니다.

수억 명을 넘어 수십억 명의 고객을 확보한 첨단기술 업체들의 은행에 대한 도전이 시작된 것입니다. 향후 3~5년 내에 승부가 갈릴 것으로 보입니다. 물론 승리는 첨단기술 기업이고 은행은 복잡한 규제를 받는 부분만 관리하는 패자로 전락할 것으로 예상됩니다.

벤처캐피탈 회사인 망그로브 캐피탈 파트너스Mangrove Capital Partners 의 마크 틀루츠Mark Tluszsz 최고경영자는 "3~5년 내에 기술기업들이 지금의 대형 은행을 사들이더라도 놀라운 일은 아닐 것"이라고 말했습니다.

페이스북, 아마존, 알리바바, 구글, 유튜브는 이미 한몸인 자웅동체처럼 보이지 않나요? 여러분들은 메타가 뭐하는 회사인지 알 것입니다. 알리바바의 알리페이가 전 세계에서 어느 정도 인지도와 사용자가 있는지도 알 것입니다. 공룡전자상거래 업체인 아마존도 익히 알

것이며 대다수의 사람은 이미 사용 중일 것입니다.

겉으로 보기에는 서로 대립하는 경쟁 구도의 기업 같지만 이 기업들이 상호 제휴한다면 그 결과는 최종적으로 무엇을 탄생시킬까요? 당신이 대표라면 무슨 생각을 할까요? 왜 메타의 저커버그가 알리바바의 마윈회장과 미팅했는지는 파헤쳐 보지 않아도 느낌이 오지 않나요?

2017년에 페이스북은 아일랜드와 금융결제 서비스를 체결했습니다. '왜 하필 아일랜드일까?' 하고 생각할 것입니다. 아일랜드는 유럽에서 경제적 지위가 그리 높지 않습니다. 핵심은 전통적으로 아일랜드는 지열발전으로 전기요금이 저렴하다는 것입니다.

전기요금이 저렴한 중국뿐만 아니라 아일랜드도 지열발전을 이용한 저렴한 전기요금 덕택에 대규모 비트코인 채굴장이 설치되어 운영 중입니다. 게다가 연평균 기온이 낮아서 그래픽카드에 발열로 인한 효율감소가 없어 비트코인 및 전자화폐 대량 채굴에 좋습니다. 이보다 더 좋은 환경이 있을 수 있을까요?

페이스북과 아일랜드의 금융 서비스 제공 계약 체결은 페이스북이 아일랜드를 통해 유럽으로 진입한다는 것이며, 그 테스트를 아일랜드에서 시행한다는 포부를 드러낸 것입니다. 아일랜드 내에서도 자체적으로 비트코인 채굴이 대규모로 진행 중이므로 사용할 수 있는 인프라가 룩셈부르크나 독일 못지않을 것입니다.

그러나 메타는 아직까지 가상자산에 관한 비트코인이나 이더리움의 공식 채택이나 기존 플랫폼에의 이식이나 사용 계획 등을 공식적으로 표명하지 않았습니다. 왜 그럴까요?

메타는 현재 30억 명이 사용 중이며 10대 사용자에서 약진이 두드러집니다. 산업에서 가장 중요한 것은 어떤 연령층에 사용자가 많은가입니다.

10대 때부터 페이스북을 사용한 계층은 이와 동기화된 왓스업, 인스타그램, 유튜브, 구글 등과도 밀접하게 연관돼 있습니다. 이런 10대가 20대가 된들 다른 새로운 SNS 서비스가 파격적이지 않다면 굳이 새로운 서비스를 이용할까요?

기업환경 조성에서는 초기 시장 장악도 중요하지만 이후 신규등록자 연령층도 중요합니다. 이 데이터가 말해 주는 것은 저커버그가 미래를 보고 움직였던 모든 계획의 성과가 현 시점 메타의 미래에 바람직하게 진행되고 있다는 것입니다.

단적으로 현실 세상에서도 모든 국가, 기업, 그리고 그 기업의 생산자와 소비자의 평균연령이 높으면 이는 종국에는 극단적으로 말해서 퇴보와 소멸로 이어질 수밖에 없습니다. 그렇다면 왜 메타는 가상자산에 대한 입장을 구체적으로 드러내지 않을까요? 그 이유는 메타의 미래 비전 핵심인 AR증강현실과 VR가상현실 서비스가 아직 제대로 준비되지 않아서인 것 같습니다.

현재 메타가 공식적으로 발표한 VR 기기는 공식적으로 3세대까지 진보했지만 아직 저커버그 입장에서는 BETA 테스트 구간으로 보입니다. 완벽한 가상현실 구현이 가능한 6G 통신과 진보된 VR 기기 결합까지 얼마 남진 않은 듯합니다.

2025년이면 메타 플랫폼을 사용해서 메타퀘스트 기기를 통해서 가상현실에서 만나 소통과 교감, 화폐나 물품 교환이 가능해질 것입니다. 또한 아마존이나 알리바바와 연동된 가상쇼핑공간에서 굳이 구매자가 중국 상하이에 직접 가지 않더라도 상하이 백화점을 시각 및 청각으로 느끼며 보이차를 구입하고, 프랑스 파리 포숑 매장에 가지 않더라도 가상현실에서 포숑 초콜릿이나 잼이 진열된 상점을 지나며 샹송을 들을 수 있을 것입니다. 여기서는 구매자가 물건값을 지불할 때 가상자산이 쓰일 것입니다. 이로써 종국에는 물리적 명목화폐 중심인 전통은행의 존재 이유가 사라진다는 걸 짐작할 수 있습니다.

현재 메타에서 제공하는 사진과 영상 및 문자 서비스는 결국 비중이 미미해질 것이며, AR와 VR 서비스를 구현하기 위한 교두보 확보와 기초 정도라고 보는 게 좋을 것 같습니다. 트위터, 카카오, 네이버, 라인 등은 결정적 시기까지는 절대 가상자산을 중심에 두고 금융업 진출을 발표하지 않을 것입니다.

호랑이는 사냥감이 포커스 안에 들어와도 커다란 송곳니와 발톱을 드러낼 필요가 없습니다. 송곳니와 발톱을 드러내는 것은 사냥감의 급소에 한 번의 급습으로 송곳니를 꽂을 수 있는 거리에 있을 때가 아닐까요? 예고 없이 극적인 사냥을 하는 게 모든 면에서 좀더 큰 사냥감을 잡을 수 있을 것입니다.

05
인플레이션 상승을
부추기는 금융세력들

코로나19로 인한 인력이동의 통제는 결국 공급망 파괴를 야기하고, 이는 다시 인플레이션을 만들었습니다. 현재 정황상 장기간 고인플레이션을 원하는 금융세력은 전례 없는 일이며 명목화폐 리셋과 관련 있다고 보입니다.

2020년 코로나19 봉쇄령으로 소비자 수요가 서비스에서 상품으로 빠르게 이동되었고, 이는 효율적인 작업에 대한 마찰과 함께 공급망에 많은 압력을 가했습니다. 다행히 지금은 세계의 많은 부분이 다시 개방되면서 소비 패턴이 정상으로 회복하고 있습니다.

그러나 2015년부터 현재까지의 낮은 설비 투자 사이클과 인플레이션의 구조적 근원인 러시아-우크라이나 전쟁으로 인한 혼란으로 인해 탄화수소 부족과 가격 압력이 발생했습니다. 탄화수소 부족은 유럽의 비료와 산업용 금속 생산에 영향을 미치고 있습니다.

　유로존 비료 생산 부족(유로존만의 문제가 아님)은 향후 농산물 수확량 감소로 이어지고 금속 생산량의 감소는 산업 전반에 생산비 증가를 야기합니다. 다시 말해서, 지속적으로 국가경쟁력이 저하될 수밖에 없는 상황에 직면했습니다. 독일 슐츠 총리의 중국 방문은 선택이 아닌 국가 생존을 위한 외교 전략이었을 수 있습니다.

　그럼에도 유럽중앙은행 총재는 인플레이션을 잡겠다고 지속적으로 금리 인상을 강행합니다. 이는 장기적인 경기 침체를 유도합니다. 미국 연준의 긴축 통화 정책, 달러 인덱스의 폭등, 다양한 임시 공급 방출 또는 수요 억제 전략으로 유가가 폭등했습니다.

　투자자들은 "다음은 무엇입니까?"라고 질문해야 합니다. 많은 투자자가 미국 연준이 인플레이션을 통제하면 압력을 해제할 수 있고 인플레이션이 낮게 유지될 것이라고 가정하는 것 같습니다. 그러나

상당한 양의 새로운 에너지 공급이 이루어지지 않으면 정책 입안자들이 경제를 다시 성장시키려고 할 때마다 에너지 가격 인플레이션은 현물경제에 고스란히 전해져 하이퍼인플레이션으로 확장될 것입니다.

근본적인 해결책은 러시아-우크라이나 전쟁의 종식입니다. 이 전쟁이 종식되지 않으면 인플레이션이 지속됩니다. 우크라이나를 사이에 두고 서방과 중국, 러시아는 불안과 협상을 오가며 향후 수년간 인플레이션을 상승시키고 완화하며 경제를 파괴할 것입니다.

물론 일시적 봉합은 있을 수 있지만 한반도와 같은 대치 상황은 지속될 것입니다. 현재 미국도 비상시 사용할 전략비축유의 바닥이 가까워졌습니다.

앞으로 몇 년 동안은 인플레이션 추세 내에서 자연적으로 디스인플레이션 기간이 있을 거라서 더 높은 유가와 지속적인 배경 인플레이션 압력이 예상됩니다. 에너지 부문에서 보다 강력한 설비 투자 주기가 있을 때까지(태양열을 비롯한 친환경에너지 정책으로 양적완화를 시작할 때까지) 이러한 디스인플레이션 기간에는 불행히도 사람들이 원하는 좋은 유형의 디스인플레이션 성장보다는 경제 성장의 감속 또는 정체가 예상됩니다. 몇몇 국가를 빼고는 대부분의 국가 GDP는 수년간 하락할 가능성이 높아집니다.

2024년 3분기를 기점으로 가상자산 섹터는 이 부분을 메우기 위한 중앙정부의 제도권 수용이 진행될 것이며 많은 기관의 자금이 유입될 것으로 전망됩니다.

PART 3

장기투자해도 될
검증된 코인들

CRYPTO SIGNAL

BTC ETF 이후 ETF
승인 가능성 높은 6가지 알트코인

비트코인 ETF 승인 이후 BTC는 단기적으로는 하락했지만, 이내 ETF 승인 영향으로 급등을 시작했고, 마침내 원화마켓 1억 원을 넘겨 전 미디어의 관심을 받았습니다.

DCG 그룹의 자회사인 그레이스케일은 BTC 외에 오래전부터 ETH, ETC, BCH, LTC, ZCASH, ZEN, XLM 등 알트코인들도 ETF 승인을 준비했습니다. 2024년 4월 17일 세계 크립토 핵심 양대 산맥 미디어 중 하나인 THE BLOCK에서 그레이스케일의 글로벌 ETF 책임자인 데이비드 라발레가 비트코인과 이더리움 외에 다른 암호화폐를 기반으로 한 상장지수펀드가 결국 투자자들에게 제공될 것이며, 이를 '100%' 확신한다고 말했습니다. ETH ETF조차도 승인되지 않은 시점이라 이 발언은 투자자들에게 깊은 의미가 있습니다.

먼저 코인을 이해하는 데 도움이 되는 몇 가지 내용을 알아보겠습니다.

백트BAKKT

미국 조지아주 알파레타에 본사를 둔 백트 홀딩스Bakkt Holdings, Inc.는 암호화폐를 소유, 거래하고 로열티 포인트를 상환할 수 있는 서비스형 소프트웨어SaaS와 API 플랫폼을 제공합니다. 백트는 뉴욕 중권거래소도 소유하고 있는 ICEIntercontinental Exchange에 의해 설립되었으며 ICE가 65.7%를 소유하고 있습니다. 백트는 암호화폐 결제, 구매 및 판매 수수료로 수익을 얻습니다.

2018년 8월 ICE는 마이크로소프트 온라인 서버를 활용하여 디지털 자산을 관리하기 위한 새로운 회사 백트를 설립한다고 발표했습니다. 백트는 보스턴컨설팅그룹BCG, 마이크로소프트, 스타벅스 등과 협력해 소프트웨어 플랫폼을 만들고 있는 것으로 알려졌습니다. 백트 생태계에는 판매자 및 소비자 애플리케이션과 함께 연방 규제 시장 및 창고업이 포함될 것으로 예상됩니다. 첫 번째 사용 사례는 비트코인 대 법정 화폐의 거래 및 변환이었습니다.

EDXM 거래소

EDXM 거래소는 뉴욕 월가에서 만든 가상자산 거래소입니다. 시타델 해지펀드와 찰스슈왑, 피델리티 인베스트먼트가 주축이 되어 설립하였으며, 기관투자자와 기업고객을 대상으로 운영됩니다. EDXM 거래소는 2023년 6월 21일에 정식으로 출범하였으며, 비트코인, 이더리움, 라이트코인 3종류의 가상자산만 거래합니다.

EDXM 거래소는 제이피모건, 골드만삭스, 시타델 헤지펀드, 버투 파이낸셜, 피델리티 인베스트먼트, 찰스슈왑, 세콰이어 캐피탈, 패러다임 등 미국 월가의 거물급 금융기관들이 합작하여 만든 암호화폐 거래소입니다.

백트와 EDXM의 연결성

백트는 BTC ETF가 승인되지 않은 시기에 암호화폐를 청산하고 보관하는 서비스를 제공합니다. 이를 위해 EDXM 마켓과 파트너십을 개발하고 있습니다. EDXM 마켓이 암호화폐의 청산·보관 서비스를 제공하고, 그중 일부 코인은 백트가 직접 관리하게 될 것으로 예상됩니다. 암호화폐 ETF가 승인될 경우 백트의 암호화폐 코인은 ETF 등의 필터링 과정을 통과하게 될 것이고 향후 수년간 거대 상승이 예상됩니다.

암호화폐 시장의 미래 전망

이더리움이나 이더리움 클래식과 같은 암호화폐가 ETF로 운영될 가능성에 관한 논의가 이루어질 것입니다. ETF의 운영이 가능해지면 이더리움이나 이더리움 클래식 등의 암호화폐가 더욱 주목받을 것으로 예상됩니다. 만약 이더리움과 같은 암호화폐가 ETF로 승인되지 않는다면 그 코인들의 가치는 떨어질 것입니다. 따라서 향후 ETF로 승인되는 가상자산의 관심이 점점 늘어날 것으로 예상됩니다.

디지털 자산 커스터디

2023년 11월 15일 백트는 7개 코인의 커스터디(수탁)를 재시작했습니다. 디지털 자산의 높은 가격 변동성에도 불구하고 디지털 자산을 투자 포트폴리오의 일부로 편입하려는 법인이나 기관투자자가 지속적으로 증가하는 추세입니다. 이러한 상황에서 최근 주목받고 있는 서비스가 바로 디지털 자산 커스터디입니다.

본래 전통적으로 금융회사가 제공해 왔던 수탁 서비스는 유가증권 등 금융자산을 보관·관리해 주는 것으로, 투자자의 대리인으로서 유가증권의 보관·수취결제·권리보전·의결권 행사 등의 업무를 대리하는 상임대리인 업무를 포괄하는 개념입니다. 디지털 자산 커스터디는 이와 같은 수탁 서비스를 디지털 자산에 적용한 것으로 주로 기관투자자나 법인을 대상으로 디지털 자산 구매를 내행해 주거나 암호키를 보관해 주는 서비스를 제공하고 있습니다.

2023년 11월 15일 발표에 따르면 암호화폐 기업 백트는 6개의 새로운 코인에 대한 지원을 추가하면서 디지털 자산 관리를 주요 사업으로 합니다. 회사는 2024년 초에 관리 서비스에 더 많은 코인을 추가할 것으로 예상하고 있습니다. 디지털 자산의 관리는 자산 액세스 및 전송에 중요한 암호화 키를 보호하는 데 중점을 둡니다.

백트와 같은 관리자는 코인의 콜드 스토리지 및 액세스에 대한 다중 승인을 요구하는 다중 서명 기술을 포함하여 자산을 보호하기 위해 다양한 보안 조치를 사용합니다. 암호화폐 관리 부문을 강화하기 위해 백트는 파트너십도 개발하고 있습니다.

회사의 분기별 보고서에 따르면 월스트리트 지원 암호화폐 거래소 EDX 마켓에 청산 및 보관 서비스를 제공할 계획이며, 처음에는 백업 적격 관리인 역할을 할 예정입니다. 관리 서비스에 대한 백트의 새로운 고객 중에는 비트코인 플랫폼 언체인드Unchained와 기관투자자를 위한 암호화폐 컨설팅 회사인 레보BTC BTC가 있습니다. 보관 서비스 확장은 B2B 고객을 대상으로 하는 백트 전략의 중요한 측면이기도 합니다.

많은 전통적인 금융기관들도 디지털 자산의 보관을 목표로 삼고 있습니다. 2022년 미국에서 가장 오래된 은행인 뉴욕멜론은행BNY Mellon은 선택된 고객의 ETH 및 BTC 보유를 보호하기 위해 디지털 보관 플랫폼을 출시했습니다. 독일에서 세 번째로 큰 은행인 도이체방크DZ Bank도 이달 초 기관투자자들에게 암호화폐 보관 서비스를 제공하기 시작했습니다.

02

도지코인과 백트

도지코인의 시작

⋮

2013년 12월 당시 인터넷 밈 소재로 인기를 끌었던 일본 시바견을 소재로 IBM 출신 개발자 빌리 마커스와 마이크로소프트 출신 개발자 잭슨 팔머가 라이트코인을 바탕으로 도지코인을 개발했습니다. 처음에 '농담화폐joke currency'라고 불리기도 하면서 장난처럼 시작한 도지코인은 일본 개인 시바견을 마스코트로 사용합니다. 이 시바견은 인터넷에서 재미로 사용되던 그림이며, 같은 그림이 코인의 로고로 이용되고 있습니다. 도지코인은 레딧이나 트위터 같은 SNS에서 창작자의 기여를 인정하기 위한 팁 지불 용도로 사용됐습니다.

일론 머스크의 큰 그림과 도지코인

2020년부터 일론 머스크는 도지코인을 결제와 연결시켜 종종 언급했습니다. 2023년 7월경 일론 머스크 테슬라 최고경영자가 트위터를 '슈퍼앱(메시징, 상품 결제 등 다양한 기능을 제공하는 앱)'으로 만들겠다는 의지를 재차 강조했습니다. 특히 금융 관리 기능을 조만간 선보이겠다고 밝혔습니다. 이 발표와 그간 머스크의 행적을 매칭해 보면 테슬라 및 X(구 트위터)에서 DOGE를 중심으로 하는 금융 인프라가 결정될 확률이 높았습니다.

2023년 11월 백트는 신규 추가 커스터디 코인을 발표했는데 여기에 도지코인 등이 추가됐습니다. 이때도 대중은 불신했습니다. 머스크는 자신의 트위터에 "트위터는 발언의 자유를 보장하기 위해, 또 모든 것을 제공하는 앱인 'X'의 가속화를 위해 X법인에 인수됐다."며 "이는 단지 회사 이름을 바꾼 것만이 아니다."라는 글을 올렸습니다.

2022년 5월 5일 명품브랜드인 구찌Gucci는 일부 매장에서 비트코인, 도지코인 및 기타 암호화폐를 허용하기 시작했습니다. 왜 이런 결정을 했을까요? 일론 머스크가 숨기는 비밀은 무엇일까요?

2022년 5월 4일 미국에서 가장 인기 있는 럭셔리 헬스 및 피트니스 클럽 중 하나인 에퀴녹스 그룹Equinox Group은 이제 회원들이 암호화폐로 멤버십 구독료를 지불할 수 있도록 허용했습니다. 여기에도 우연의 일치인지 도지코인이 추가됐습니다.

에퀴녹스 결제에 허용되는 암호화폐에는 비트코인BTC, 비트코인 캐시BCH, 도지코인DOGE, 이더리움ETH, 라이트코인LTC, 래핑된 비트코인WBTC, 시바이누SHIB 등이 있습니다. 2024년 2월 고급 자동차 브랜드인 페라리에도 도지코인 결제가 추가됐습니다.

세계에서 가장 유명한 자동차 제조업체 중 하나인 페라리는 미국 내 회사의 고급 자동차 벤처를 위해 도지코인의 통합을 확인했습니

다. 도지코인은 비트코인, 이더리움 및 USD코인USDC을 포함하여 다른 인기 있는 암호화폐 및 스테이블코인 등 결제목록을 만듭니다.

페라리의 미국 매장은 2023년 10월 비트페이BitPay와의 파트너십을 발표하여 허용되는 암호화폐의 범위를 확장하고 "부유한 고객의 요청에 따라" 유럽 고객에게 동일한 지불 수단을 도입했습니다.

2024년 3월 일론 머스크가 "언젠가 도지코인으로 테슬라를 살 것"이라는 발언으로 일론 머스크의 도지코인 도입에 명확한 퍼즐이 더해졌습니다. 테슬라 베를린 기가팩토리에서 열린 질의응답 세션에서 머스크는 테슬라 차량에 대한 도지코인 결제 가능성에 대한 질문에 "언젠가는 우리가 그것을 가능하게 해야 한다고 생각한다."고 답했습니다. 2022년에도 머스크는 동일한 방향성의 발언을 했습니다. 맥도날드에 도지코인 결제를 허용해 달라는 머스크의 발언으로 당시 도지코인이 일시적으로 급등했습니다.

백트가 커스터디를 기관투자자 대상으로 공식 지원해 준 것으로 볼 때 우리가 모르는 일론 머스크 외 금융 세력은 도지코인을 단지 일시적 가치를 인정받고 사라지는 밈으로 치부하기보다 어쩌면 BTC와 동급의 가치를 부여해서 조용히 모아 가는 게 아닐까 추론해 볼 수 있습니다.

03

인도의 미래와
WRX코인

인도 경제 상승과 가상자산 시장 전망

고성장 잠재력

인도는 젊고 빠르게 성장하는 인구, 도시화, 디지털화의 가속화 등으로 2030년까지 고성장을 지속할 것으로 예상됩니다. 『맥킨지 보고서』에 따르면, 인도 경제는 연평균 7~8%의 성장률을 기록할 것으로 전망됩니다.

중산층 확대

중산층의 확장은 소비 증가를 유발하여 경제 전반에 긍정적인 영향을 미칠 것입니다. 2030년까지 중산층 인구는 약 10억 명에 이를 것으로 예상됩니다.

디지털 혁신

인도는 디지털 인프라 구축에 많은 투자를 하고 있으며, 이는 경제의 디지털 전환을 가속화할 것입니다. 인공지능, 사물인터넷, 블록체인 등의 기술 발전이 인도 경제의 경쟁력을 높일 것입니다.

제조업 성장

'메이크 인 인디아' 캠페인 등 인도 정부의 적극적인 산업 정책은 제조업 성장을 촉진시켜 경제 발전에 기여할 것입니다.

투자 유치

:

외국인 직접 투자FDI

인도는 정책 개혁과 인프라 개선으로 외국인 투자를 유치하는 데 성공하고 있습니다. 2030년까지 인도는 글로벌 기업들의 투자 유치 허브로 자리매김할 것입니다.

벤처 캐피털 및 스타트업 붐

스타트업 생태계가 빠르게 성장하면서 벤처 캐피털의 투자도 급증하고 있습니다. 이는 혁신적인 기업의 탄생과 성장으로 이어질 것입니다.

인도 가상자산 시장 전망

:

친환경적 규제

인도 정부는 가상자산 시장의 건전한 성장을 위해 규제 환경을 개선하고 있습니다. 명확한 규제 프레임워크는 투자자들의 신뢰를 높이고, 시장의 투명성을 확보할 것입니다.

중앙은행 디지털 화폐CBDC

인도 중앙은행은 디지털 루피를 도입할 계획이며, 이는 가상자산 시장의 활성화에 긍정적인 영향을 미칠 것입니다.

기술 발전 및 인프라

블록체인 기술 채택

인도는 블록체인 기술을 다양한 분야에 적극적으로 도입하고 있습니다. 금융, 물류, 헬스케어 등 여러 산업에서 블록체인 기반 솔루션이 채택되면서 가상자산의 유용성이 증대될 것입니다.

거래소 인프라 발전

주요 가상자산 거래소들이 기술적 인프라를 강화하고 있으며, 이는 안전하고 효율적인 거래 환경을 제공할 것입니다.

투자 및 수용 증가

기관 투자 확대

인도의 주요 금융기관과 기업들이 가상자산에 대한 투자를 확대하고 있습니다. 이는 가상자산 시상의 안정성과 신뢰도를 높이는 데 기여할 것입니다.

일반 투자자 참여

인도 내 가상자산에 대한 인식이 개선되고, 디지털 금융 서비스의 접근성이 확대되면서 개인투자자들의 참여가 증가할 것입니다.

인도 가상자산 거래소 전망

:

현지 거래소의 확장

와지르엑스^{WazirX}, 코인DCX 등 인도 현지 가상자산 거래소들이 급성
장하고 있으며, 글로벌 거래소들과의 경쟁에서 두각을 나타내고 있
습니다.

글로벌 거래소 진출

바이낸스, 코인베이스 등 글로벌 가상자산 거래소들이 인도 시장에
진출하면서 경쟁이 심화되고, 서비스 질이 향상될 것입니다.

서비스 다변화

:

다양한 금융 상품 제공

인도 가상자산 거래소들은 단순한 거래뿐만 아니라 탈중앙화 금융
DeFi, 스테이킹, 대출 등 다양한 금융 서비스를 제공할 것입니다. 이는
사용자들의 편의성과 수익성을 높일 것입니다.

교육 및 지원 서비스 강화

사용자 교육 및 고객 지원 서비스가 강화되면서 보다 많은 사람이 가
상자산 거래에 참여하게 될 것입니다.

보안 및 규제 준수 강화

보안 인프라 강화

가상자산 거래소들은 보안 인프라를 강화하여 해킹 및 사기 등 위험을 최소화하고, 신뢰성을 높일 것입니다.

규제 준수 및 투명성 강화

규제 당국과의 협력을 통해 투명한 운영과 규제 준수를 강화함으로써 투자자 보호와 시장 신뢰성을 제고할 것입니다.

요약하면 2030년까지 인도 경제는 다양한 요인으로 인해 지속적인 상승세를 보일 것으로 전망됩니다. 가상자산 시장 또한 규제 환경의 개선, 기술 발전, 투자 증가 등을 통해 성장할 것이며, 가상자산 거래소들은 서비스 다변화와 보안 강화를 통해 시장을 확대할 것입니다. 이러한 긍정적인 전망으로 인도가 글로벌 경제에서 중요한 역할을 할 것으로 기대됩니다.

모건스탠리 인도 보고서

인도의 상승세가 무섭습니다. 인도가 다음 10년을 주도할 것입니다. 인도의 벤치마크 지수는 섹터 전반에 걸쳐 상승세를 보이며 9개월 최고치를 경신했습니다.

미국 연준의 전례 없는 금리 인상 기간에도 인도의 강력한 모멘텀에 정책 전환Fed Pivot이 나타난다면 그 기세는 더 강해질 것이란 전망입니다. 세계 최대의 인구를 자랑하는 인도의 경제 잠재력은 무엇보다 세계에서 평균연령이 가장 어리다는 것입니다. 향후 고령화로 인해 장기 저성장 기조가 고착화될 선진국과는 판이하게 다른 양상이 펼쳐질 가능성이 농후합니다. 게다가 미국과의 갈등으로 중국에서 빠져나온 외국계 자본이 인도로 향하고 있다는 점도 긍정적으로 인식됩니다.

미국과 중국 그리고 유럽과 러시아가 서로 첨예한 대립을 하는 가운데 상대적으로 중립적인 입장을 지키고 있는 인도의 스탠스 역시 지정학적 위험을 최소화할 수 있다는 분석입니다. 글로벌 투자은행 모건스탠리는 향후 인도가 10년 동안 매년 11% 이상의 성장으로 세계 성장의 5분의 1을 주도할 수 있는 잠재력이 있다고 분석했습니다.

젊은 인구가 중추적 역할을 할 인도는 태동하는 신경제하에 결제 시장도 향후 확장할 것입니다. 또한 카스트제도로 인해 신분증이 없어 은행 등록이 불가한 교육받지 못한 계층도 서구자본의 인도 진출로 규칙적인 직업 활동이 가능해질 것입니다.

맥킨지 컨설팅 자료에 나왔듯이 2030년까지 인도는 중산층이 두터워질 것입니다. 중산층이 두터운 국가 경제는 신체로 비유하면 건장한 청년이라 할 수 있습니다. 이는 저축률 상승과 금융 시장의 발전을 도모할 것입니다. 현재 중앙정부에 의한 인도 가상자산 거래소는 수익에 대한 과세안이 30%이지만 향후 G20하에 가상자산 규제안이 구체화된다면 이 또한 타 국가와 같이 인하될 것이며 수많은 중산층이 가상자산에 투자할 것입니다.

지금까지 인도 정부에게 허가를 받은 가상자산 거래소는 코인베이스 투자의 코인DCX, 바이낸스 주도의 와지르엑스 거래소가 전부입니다. 세계에서 인구가 가장 많은 국가의 지속적 성장이 2030년까지 예상되고, 중산층 대다수가 젊은 층인 인도에 중산층이 가상자산 거래소를 투자 개념으로서 전통은행같이 여긴다면 가상자산 거래소들이 벌어들이는 수수료는 어마어마할 것입니다. 가상자산 거래소 수익이 늘어나면 거래소를 증명하는 거래소 코인의 가치도 분명 크게 상승할 것입니다. 그래서 논리적으로 WRX에 투자해야 한다고 생각합니다.

WRX와 전혀 관련이 없다던 바이낸스의 진실은 무엇일까요? 과연 명확한 성장성이 보이는 인도의 미래를 바이낸스는 실제로 포기했을까요?

2023년 5월 와지르엑스 거래소 지분을 100% 보유한 바이낸스의

거짓 발언에 와지르엑스 CEO가 와지르엑스 거래소의 WRX 토큰이 바이낸스의 통제하에 있다고 진실을 밝혔습니다. 와지르엑스는 "토큰 IEO도 바이낸스가 진행했고, 수익금 200만 달러 상당의 108, 401 BNB 역시 바이낸스가 회수해 보유 중이다."라고 밝혔습니다.

락업된 토큰을 보유 중인 지갑도 바이낸스 소유이며, 릴리즈 일정도 바이낸스가 관리합니다. 와지르엑스에 따르면 바이낸스 거래소가 보유 중인 WRX는 5억 8,000개이며 지난 4차례의 토큰 언락에서 이체된 WRX도 전부 바이낸스에 이체됐습니다. 와지르엑스 팀이 받은 토큰은 없는 상황이며 분기별 토큰 소각 의무도 바이낸스가 이행하지 않은 상황입니다.

과거에 바이낸스는 와지르엑스 거래소가 논란에 휘말리자 "와지르엑스에 대한 월렛 및 관련 기술 서비스를 중단한다."고 밝혀 서로 관계가 틀어진 상황입니다. 당시 바이낸스는 "와지르엑스 소유권은 우리가 가지고 있지 않다."며 일명 '손절'하는 모습을 보였지만 내막은 다른 것으로 보입니다.

와지르엑스 거래소의 가치증명인 WRX 토큰의 분기별 소각도 정지해서 멈춘 상태이지만 어느 순간 바이낸스가 다시 주기적인 소각을 진행한다면 WRX 토큰은 지속적인 인도 가상자산 시장의 확장과 함께 폭등할 것입니다.

모건스탠리는 인도의 경제가 앞으로 10조 달러에 달하는 거대한 경제권이 될 가능성을 제시하며 제조, 투자 및 에너지의 전환이 인도의 경제 호황을 이끌 것으로 내다봤습니다. 투자은행에 따르면 인구통계학적인 면과 함께 디지털화, 탈탄소화 및 탈세계화의 4가지 글

로벌 트렌드가 투자자들이 인도로의 전환을 선호하게 만들고 있다고 평가했습니다.

　모건스탠리는 인도의 GDP가 2031년까지 7조 5,000억 달러를 넘어 현재 수준의 2배 이상으로 성장해 세계에서 세 번째로 큰 경제가 될 것이라 전망했습니다. 특히 탈중국 추세가 강해지면서 인도의 제조업이 차지하는 비중은 2031년까지 21%로 증가해 향후 1조 달러의 기회가 될 것으로 내다봤습니다.

　모건스탠리는 이 외에도 인도의 인터넷 사용사 역시 향후 10년 동안 6억 5,000만 명에서 9억 6,000만 명으로, 온라인 쇼핑 매출액은 2억 5,000만 달러에서 무려 7억 달러로 폭발적인 증가세를 보일 것으로 전망했습니다. 부동산 역시 2030년에는 주거용 부동산 붐이 일어나 경제를 전반적으로 이끌 것으로 주장했습니다.

04

일론 머스크와
도지코인

일론 머스크는 왜 트위터를 인수했을까요? 도지코인 상승과 가상자산 실사용 현실화 모델 구현일까요?

    2022년 10월 4일 트위터에서 일론 머스크는 "트위터를 인수하는

것은 모든 앱everything app X를 만드는 것"이라고 말하기도 했습니다.

이와 관련하여 머스크는 이전 틱톡과 위챗 등의 슈퍼앱 모델을 칭송하며 트위터도 그렇게 진화해야 한다고 말한 바 있습니다. 그가 말한 '모든 앱'은 카톡처럼 앱에서 엔터테인먼트, 상거래, 콘텐츠 시청 등 모든 생활이 가능한 애플리케이션입니다.

머스크는 가짜 계정을 없애기 위해 모든 사용자가 트위터 이용 시 인증하도록 하고 소셜 네트워크를 이용하는 기업 고객들에게 수수료를 받는 수익 모델을 제시하기도 했습니다.

머스크를 필두로 이번 트위터 인수합병에 18개 업체가 참가했는데 바이낸스는 5억 달러로 4위 포지션입니다. 최대 암호화폐 거래소 바이낸스는 블록체인과 암호화폐가 SNS 플랫폼 트위터를 파괴하는 일부 이슈를 해결할 수 있는 방안을 모색하기 위해 인력을 모으고 있습니다.

암호 커뮤니티는 DOGE가 트위터에서 공식 유틸리티 토큰이 될

수 있다고 생각합니다. 이전에 한 엔지니어는 트위터가 암호지갑 프로토타입을 개발하고 있다고 암시했습니다.

블룸버그의 조사 결과에 따르면 바이낸스 대변인은 거래소가 블록체인 솔루션을 통해 일론 머스크의 비전을 실현하기 위한 계획과 전략을 브레인스토밍할 내부팀을 만들 것이라고 밝혔습니다. 특히 최근 몇 년간 봇 계정 확산과 같은 문제를 해결하기 위한 온체인 솔루션을 포함하고 있습니다.

트위터, 카카오, 위챗, 인스타그램, 라인 등 머스크가 그리는 수익 모델을 진행 중이거나 이미 현실구현 추가로 중앙정부의 명확한 규제안으로 가상자산 결제만 남은 것 같습니다.

카카오, 클레이튼, 거버넌스 코인인 클레이klay도 도지코인 상승에 힘입어 폭등했습니다. 데이터센터 화재로 일시적으로 악재 가득한 카카오그룹의 코인이라 크게 물린 사람들도 걱정할 필요는 없습니다. SNS를 통해서 그들이 최종적으로 무엇을 할지가 현재 가격적인 요소보다 중요하지 않을까 생각합니다.

05

그레이스케일과
이더리움 클래식

2016년 베리 실버트의 ETC 예언 후 2023년 11월 월가 가상자산 플랫폼 백트가 이더리움 클래식을 공식 인정했습니다. 현재 그레이스케일 포트폴리오상 시총 순위는 1위 비트코인, 2위 이더리움, 3위 이더리움 클래식입니다.

이더리움 클래식의 탄생

이더리움 클래식은 이더리움의 DAO 해킹 사건을 계기로 해외 대형 거래소 폴로닉스에 기습 상장되어 가상자산 코인계에 새로운 충격을 주었습니다. 해킹당한 코인은 하드포크 전 블록으로 상장되어 새로운 하드포크를 탄 노선의 이더리움과 하드포크 전 오리지널 블록들로 이루어진 이더리움 클래식으로 나뉩니다.

사실상 진짜 이더리움은 코드가 바뀌지 않은 이더리움 클래식입니다. 현재 스마트콘트랙트 기능 확장성 면에서는 새로이 태어난 이더리움이 범용성, 기업들의 가치검증, 시총에서 이더리움 클래식과는 상대도 안 되는 위치에 있습니다. 하지만 2024년 초 시행된 스파이럴 하드포크 이후 이더리움의 행보는 미지수입니다.

이더리움 클래식의 역사

DAO의 하드포크 거부를 지지했던 이더리움 커뮤니티 회원들은 2016년 7월 20일에 근거 없는 이유를 내세우며 소프트포크를 진행하지 않았던 것, 이더리움이 담고 있던 원칙과 가치를 위반한 것, 카본 보트carbon vote라는 비공식적 투표로 하드포크를 감행했던 것, 하드포크를 진행하기 위해 불안한 환경을 조성한 것, 의도적으로 이전 블록에 대한 보호를 포함하지 않기로 결정한 것을 명시하며 이더리움 클래식을 선언했습니다.

이더리움 클래식은 2016년 10월 25일에 이더리움 EVM(이더리움 가상 머신)에서 이더리움 클래식 가격 책정을 위한 하드포크 연산 작업을 시행했습니다. 2017년에는 채굴 과정의 어려움과 거래량을 추가하는 과정의 지연을 높이기 위해 난이도 폭탄Difficulty Bomb을 적용했습니다. 2015년 9월경에 초기 발생시켜 하드포크를 시행하였고, 그 후 이더리움 클래식의 새로운 통화정책을 무제한 토큰 발행으로 변경했습니다.

이더리움 클래식 상장 이후 이더리움 클래식의 가격 상승 원인이 베리 실버트에 대한 기사로 언급되었습니다. 베리 실버트는 디지털 커런시 그룹DGG의 CEO입니다. DGG는 그레이스케일, 코인데스크, 제네시스 트레이딩 등 주요 20개국 80여 개에 투자 포트폴리오를 낸 회사입니다.

2016년 8월 베리 실버트는 ETC를 전혀 팔지 않았으며 ETC가 ETH 가격을 넘어설 때까지 팔지 않는다고 주장했습니다. 지금까지도 이더리움 클래식은 이더리움 가격을 넘지 못했습니다. 그런데 아이러니한 점은 2023년에 백트가 모두 쓸모없는 쓰레기라고 하는 ETC의 커스터디 승인을 발표했다는 것입니다. 아이리니한 부분입니다. 이에 베리 실버트의 예언에 어느 정도 무게가 실렸습니다. 다가오는 ETH 승인부터 BCH 등 이후 ETC ETF가 승인된다면 베리 실버트가 예언했던 내용들이 하나둘씩 대중에게 검증될 것이라 예상됩니다.

이더리움 클래식은 누가 개발했는가?

:

현재 이더리움 클래식 개발과 관련된 팀은 총 3개가 있습니다. 이더리움 클래식ETC 데브 팀, 인풋 아웃풋 홍콩 그로텐딕IOHK 팀, 이더리움 코어 패리티Ethcore Parity입니다. 각 팀들의 리더와 역할은 다음과 같습니다.

ETC 데브 팀은 Go에 프로그래밍된 게스 클래식Geth Classic 프로그램을 출시했습니다. 현재는 CTO인 알타모노프 및 GO와 러스트Rust(프로그램언어)를 아는 개발자로 구성되어 있으며, 프로젝트 게스 클래식, 에메랄드 SDK, 스푸트니크 가상머신, 새로운 통화정책 변경에 대한 프로젝트를 진행 중입니다.

IOHK 팀은 스칼라로 작성된 클라이언트를 공개했으며, 이더리움 초기 창립 구성원인 찰스 호스킨슨이 이끌고 있습니다.

이더리움 코어 패리티는 게빈 우드가 이끌고 있습니다. 게빈은 비탈릭 부테린과 함께 이더리움을 공동 창업했으며 이더리움 백서를 만들었습니다. 초기 이더리움을 떠난 후 게빈은 이더리움 클래식, 이더리움 및 익스펜스를 지원하는 프로그램인 패리티 클라이언트를 러스트로 개발했습니다.

06

대형 채굴자가
마지막으로 선택한 코인들

HIVE 채굴회사

블록체인 분야의 발전을 가속화하기 위해 제네시스 마이닝Genesis Mining은 공정한 그룹Foire Group과 제휴하여 2017년에 상장하고 HIVE 블록체인을 출시했습니다. 가장 큰 상장 블록체인 인프라 회사를 설립한 HIVE는 다양한 유형의 암호화폐를 구동하는 채굴기를 운영하여 블록체인 사용을 위한 백본을 제공합니다. 이 회사는 현재까지 1억 1,500만 달러의 자금을 조달했습니다.

대체 GPU 채굴 가능 암호화폐로 전환

머지Merge의 직접적인 영향 중 하나는 채굴자들이 장비를 계속 활용하기 위해 이더리움 포크인 이더리움 클래식으로 전환하는 것입니다. 예를 들어, 블록체인 포크의 해시 비율은 병합 다음 날 증가했습니다. 해시 비율은 작업 증명 합의 메커니즘을 통해 블록체인에서 트랜잭션을 승인하는 데 필요한 계산 능력을 설명합니다.

이더리움 클래식 블록체인이 여전히 채굴을 위한 작업 증명PoW (Proof-of-Work) 방식을 실행함에 따라 캐나다에 기반을 둔 HIVE 블록체인(암호화폐 채굴 거인)은 ETC, 도지코인 및 라이트코인과 같은 다른 작업 증명 암호화폐를 채굴할 계획을 공개했습니다.

백트는 새로운 기관투자자를 대상으로 하는 커스터디 서비스를 오픈했습니다. 커스터디 서비스에 몇 가지 새로운 PoW 코인을 추가했습니다. 백트의 플랫폼은 비트코인BTC, 이더리움ETH, 비트코인 캐시

BCH, 이더리움 클래식ETC, 라이트코인LTC, 도지코인DOGE, 시바이누 SHIB, USD코인USDC을 지원합니다.

이 내용을 HIVE 블록체인의 포커스와 비교해 보면, 두 회사 모두 여러 PoW 코인을 지원하는 것으로 나타납니다. HIVE 블록체인은 이더리움 클래식, 도지코인, 라이트코인 채굴 계획을 공개했습니다. 이 코인들은 백트의 확장된 커스터디 서비스에서도 지원하는 코인입니다. 이 두 회사의 선택은 이너리움이 지분 증명PoS(Proof-of-Stake)으로 전환되는 상황에서도 PoW 암호화폐가 여전히 시장에서 중요하다는 것을 반영합니다. 특정 코인에 대한 집중은 이러한 암호화폐들이 여전히 커뮤니티 내에서 수요가 많고 관련성이 높음을 나타냅니다.

HIVE 블록체인사의 위상

:

2024년 코인 시장에서 HIVE 블록체인사의 위상은 여전히 강력합니다. HIVE는 최신 기술과 지속가능한 에너지를 활용한 채굴 인프라로 명성을 유지하고 있습니다. 특히 HIVE는 캐나다, 스웨덴, 아이슬란드에 위치한 그린 에너지 기반 데이터 센터를 통해 비트코인 채굴을 지속적으로 확대하고 있습니다.

비트코인 보유 및 생산량 증가

HIVE는 2024년 초부터 비트코인 보유량을 꾸준히 증가시켜 왔으며, 2024년 3월 말 기준으로 약 2,287 BTC를 보유하고 있습니다. 이는 비트코인 ETF의 출시와 같은 요인으로 인해 비트코인 수요가 증가할 것을 대비한 전략적 보유입니다.

HIVE는 비트메인Bitmain의 채굴기 Antminer S21을 도입하여 채굴 효율성을 크게 향상시켰습니다. 비트코인 1개당 채굴 비용을 6,000달러 이하로 유지하며 높은 운영 효율성을 자랑합니다. 이러한 전략은 HIVE의 재정적 안정성과 지속가능한 성장을 지원합니다.

HIVE는 지속가능한 에너지를 활용하여 환경 친화적인 채굴을 실현하고 있습니다. 이는 캐나다, 스웨덴, 아이슬란드의 데이터 센터를 통해 이루어지고 있으며, 회사의 녹색 에너지 사용에 대한 의지를 보여 줍니다.

시장에서의 평가

HIVE 블록체인은 기술적 안정성과 지속가능한 에너지 사용을 통한 경제적 이점으로 인해 블록체인 기술 부문에서 선두 자리를 유지하고 있습니다. 이러한 전략은 HIVE가 불안정한 암호화폐 시장에서도 안정적으로 성장하고 가치를 창출할 수 있게 합니다. HIVE 블록체인사는 기술적 혁신과 지속가능한 에너지 사용을 통해 2024년 코인 시장에서 강력한 입지를 유지하고 있습니다.

HIVE의 구체적 사업과 전망

HIVE 디지털 테크놀로지스(이전의 HIVE 블록체인 테크놀로지스)는 암호화폐 채굴 및 디지털 인프라 분야에서 중요한 위치를 차지하고 있습니다. HIVE는 원래 비트코인과 같은 디지털 화폐를 채굴하는 데 집중했지만, 이제 AI와 고성능 컴퓨팅HPC 서비스를 포함하도록 사업 모델을 확장했습니다. HIVE는 캐나다, 스웨덴, 아이슬란드에 위치한 친환경 에너지 기반 데이터 센터를 활용하고 있습니다.

암호화폐 채굴

HIVE는 여전히 재생 가능 에너지를 사용하여 비트코인 및 기타 디지털 화폐를 채굴하고 있습니다. 2023년에는 3,260개 이상의 비트코인을 채굴했으며, Antminer S21과 같은 최신 장비를 추가로 도입하여 채굴 용량을 지속적으로 늘리고 있습니다.

AI 및 HPC 서비스

HIVE는 GPU 기반 데이터 센터를 활용하여 AI 모델 학습 및 기타 고성능 컴퓨팅 작업을 수행하는 AI 및 HPC 분야로 크게 확장했습니다. 이러한 활동은 수익 성장의 상당 부분을 차지하고 있습니다.

친환경 에너지 이니셔티브

HIVE는 모든 운영에 저비용 재생 가능 에너지를 사용하여 환경적으로 지속가능한 운영을 강조하고 있습니다. 최근에는 텍사스에서 100MW의 재생 가능 에너지를 확보하기 위한 협약을 체결하는 등 친환경 에너지 기반을 확대하고 있습니다. .

2024년 현재 상황

HIVE는 혁신과 성과로 인정받아 2024 TSX 벤처 50 리스트의 기술 부문에서 1위를 차지했습니다. 또한 HIVE 디지털 테크놀로지스로 리브랜딩하여 디지털 및 AI 인프라에 대한 더 넓은 초점을 반영하고 있습니다.

금융 및 전략적 움직임

⋮

HIVE는 새로운 기술 및 인프라에 대한 전략적 투자를 통해 강력한 재무 상태를 유지하고 있습니다. 이들은 운영을 확장하고 비트코인 보유량을 늘리기 위해 상당한 자금을 확보했으며, 이는 디지털 자산 부문에서 장기적인 성장과 안정성에 대한 신뢰를 반영합니다.

07
채굴거인 비트메인이 이더리움 클래식을 외치다

2024년 코인 시장에서 비트메인의 위상은 여전히 매우 강력하며, 특히 암호화폐 채굴 업계에서 중요한 위치를 차지하고 있습니다. 비트메인은 2024년 1월부터 새로운 비트코인 채굴기 Antminer T21을 출시했습니다. 이 장치는 SHA-256 알고리즘을 사용하며, 비트코인뿐만 아니라 비트코인 캐시와 비트코인 SV와 같은 하드포크 코인도 채굴할 수 있습니다. Antminer T21은 190 TH/s의 해시레이트와 19 J/TH의 에너지 효율성을 제공합니다.

비트메인은 2024년 5월에 라이트코인 채굴에 특화된 Antminer L9을 출시했습니다. 이 장치는 높은 효율성과 강력한 성능을 제공하여 LTC와 도지코인 채굴자들 사이에서 큰 인기를 끌고 있습니다. 비트메인은 비트코인 채굴 장비 시장에서 여전히 지배적인 위치를 차지하고 있으며, ASIC 채굴기의 주요 공급자로 자리매김하고 있습니다.

Antminer 시리즈는 특히 높은 해시레이트와 에너지 효율성으로 인해 많은 채굴자에게 선호됩니다.

IPO 시도

비트메인은 과거 홍콩증권거래소에 상장을 시도했으나 실패했으며, 이후 미국 증권거래위원회SEC에 비공개로 IPO를 신청한 상태입니다. 회사는 여전히 민간 소유로 남아 있으며, 상장 계획은 계속 진행 중입니다. 비트메인은 암호화폐 채굴 외에도 AI 칩 개발 등 다른 기술 분야로 사업을 확장하고 있습니다. 이는 암호화폐 시장의 변동성에 대비한 전략적 선택으로, AI 관련 수익을 통해 회사를 더욱 다각화하고 안정화하려는 노력입니다.

비트메인은 2024년에도 암호화폐 채굴 업계에서 선도적인 위치를 유지하고 있으며, 지속적인 기술 혁신과 제품 출시를 통해 시장에서의 입지를 강화하고 있습니다. 신제품인 Antminer T21과 Antminer L9는 높은 성능과 효율성으로 채굴자들 사이에서 큰 인기를 끌고 있으며, 비트메인의 강력한 시장 지배력은 계속될 것으로 보입니다.

비트메인과 이더리움 클래식

⋮

비트메인과 이더리움 클래식의 관계는 주로 비트메인의 채굴 하드웨어와 ETC의 PoW 방식에 기반하고 있습니다. 비트메인은 세계에서 가장 큰 암호화폐 채굴 하드웨어 제조업체 중 하나인데, 특히 ASIC Application-Specific Integrated Circuit 채굴 장비로 유명합니다. 이더리움 클래식은 작업 증명 합의 알고리즘을 사용하는 암호화폐로, 이는 ASIC 장비를 사용한 채굴에 적합합니다. 비트메인은 ETC를 포함한 다양한 PoW 기반 암호화폐의 채굴을 지원하는 하드웨어를 생산합니다.

비트메인은 ETC의 채굴을 촉진하기 위해 Antminer 시리즈와 같은 고성능 ASIC 채굴기를 공급합니다. 이는 ETC 네트워크의 해시레이트를 증가시키고, 네트워크의 안정성과 보안을 강화하는 데 기여합니다. 또한 비트메인은 여러 대형 채굴 기업과 협력하여 ETC 채굴을 위한 자금 조달 및 기술 지원을 제공하고 있습니다.

ETC는 이더리움의 PoS 전환 이후 PoW 채굴을 지속하는 주요 암호화폐 중 하나로 남아 있습니다. 이에 따라 ETC는 비트메인의 채굴 장비 시장에서 중요한 역할을 하고 있습니다. 비트메인의 채굴 장비는 ETC 채굴자들이 효율적이고 경제적으로 ETC를 채굴할 수 있도록 돕고 있으며, 이는 ETC의 지속적인 생태계 성장에 기여하고 있습니다. 비트메인과 이더리움 클래식의 관계는 비트메인의 채굴 하드웨어를 통해 ETC의 PoW 채굴을 지원하는 데 중점을 두고 있습니다. 이러한 협력은 ETC 네트워크의 안정성 및 보안을 강화하고, ETC 채굴 생태계의 지속적인 성장을 촉진합니다.

백트가 이더리움 클래식을 커스터디 서비스하는 이유

이더리움 클래식은 원래 이더리움 네트워크의 원칙과 블록체인 데이터의 불변성을 유지하는 것을 목표로 하는 프로젝트입니다. 이는 많은 블록체인 애호가와 투자자들에게 중요한 가치 제안입니다. 백트는 이러한 원칙을 지지하는 ETC의 유용성과 지속가능성에 주목했습니다.

분산형 스마트 계약 플랫폼

ETC는 비트코인의 철학과 이더리움의 기술을 결합한 분산형 스마트 계약 플랫폼으로 검열 저항성과 강력한 보안을 제공합니다. 이는 장기적으로 안정적이고 신뢰할 수 있는 블록체인 네트워크로 자리 잡게 해 줍니다.

하드포크 및 통화 정책

이더리움 클래식은 정기적인 블록 보상 감소(일명 'fifthening')를 통해 통화 발행률을 줄여 갑니다. 이는 ETC의 희소성을 높이고, 장기적인 가치 상승을 기대할 수 있게 합니다. 이러한 특성은 투자자들에게 매력적인 요소로 작용합니다.

ETF 및 투자 상품

그레이스케일과 같은 주요 금융 기관이 ETC 기반 투자 상품을 출시함으로써 ETC는 점점 더 많은 기관투자자의 관심을 받고 있습니다. 이는 백트가 ETC를 서비스 포트폴리오에 포함시키는 주요 이유 중 하나입니다.

안정적인 채굴 및 생태계 지원

ETC는 작업 증명 방식을 유지하고 있어, PoW 채굴 생태계의 지속성을 보장합니다. 이는 PoW 기반 암호화폐에 대한 채굴자의 지속적인 관심과 지지를 받는 데 유리합니다. 백트는 이러한 이유들로 인해 ETC를 서비스하게 되었으며, 이는 암호화폐 시장에서 정성과 신뢰성을 중시하는 투자자들에게 중요한 선택이 될 수 있습니다.

이더리움 클래식 스파이럴 하드포크와 이더리움 관련성

이더리움 클래식의 스파이럴 하드포크와 이더리움과의 관계는 주로 두 네트워크의 역사적 분리와 각자의 기술적 진화와 관련이 있습니다.

이더리움과 이더리움 클래식의 역사적 배경

2016년 DAO 해킹 사건 이후 이더리움 커뮤니티는 네트워크를 포크하여 해킹된 자금을 회수하기로 결정했습니다. 이 포크로 인해 새로운 체인이 생성되었고, 이것이 현재의 이더리움입니다. 반면에 원래 체인은 이더리움 클래식으로 남아 "코드는 법이다."라는 원칙을 지키며 운영되었습니다.

스파이럴 하드포크

스파이럴 하드포크는 이더리움 클래식 네트워크의 최신 업그레이드 중 하나로 네트워크의 보안성과 효율성을 개선하기 위한 것입니다. 이 하드포크는 여러 프로토콜 개선 사항을 도입하여 네트워크의 기능을 현대화하고 보안을 강화하는 데 중점을 두었습니다.

이더리움과의 관련성

이더리움과 이더리움 클래식은 초기에는 같은 코드베이스를 공유했기 때문에 많은 유사점을 가지고 있습니다. 그러나 시간이 지남에 따라 두 네트워크는 각자의 발전 경로를 따라갔습니다. 예를 들어, 이더리움은 PoW에서 PoS로 전환하는 등의 큰 변화를 겪었습니다. 반면, 이더리움 클래식은 PoW를 계속 유지하면서 독자적인 업그레이드를 진행해 왔습니다.

요약하면 이더리움 클래식의 스파이럴 하드포크는 네트워크의 지

속적인 발전과 보안 강화를 목표로 하며, 이는 이더리움과의 초기 코드베이스 공유와 독립적인 기술 진화의 결과로 볼 수 있습니다. 두 네트워크는 서로 다른 합의 메커니즘과 발전 전략을 채택했지만, 여전히 많은 기술적 기반을 공유하고 있습니다.

비트코인 반감기와 이더리움 클래식 리덕션 비교

비트코인 반감기Halving

주기 : 약 4년마다 210,000 블록 발생

내용 : 채굴 보상이 50% 감소

목적 : 인플레이션을 줄이고 공급을 제한하여 희소성을 증가시킴

역사적 결과 : 과거 반감기 이후 비트코인 가격은 장기적으로 상승하

는 경향이 있었음

이더리움 클래식 리덕션 Fifthening

주기 : 약 2년마다 5,000,000블록 발생

내용 : 채굴 보상이 20% 감소

목적 : 인플레이션을 줄이고 공급을 제한하여 가치 상승을 도모함

역사적 결과 : 리덕션은 ETC의 희소성을 높이고 장기적으로 가치를
유지하는 데 기여

리덕션이 이더리움 클래식의 미래 가치에 미치는 영향

희소성 증가

비트코인 반감기와 마찬가지로 ETC의 리덕션은 공급을 줄여 희소성
을 증가시킵니다. 이는 수요가 일정하거나 증가할 경우 가격 상승을
유발할 수 있습니다.

투자자 신뢰 강화

정기적인 리덕션은 ETC의 예측 가능성을 높여 투자자들에게 신뢰를
줍니다. 이는 장기적인 투자 유치와 시장 안정성에 긍정적인 영향을
미칠 수 있습니다.

인플레이션 억제

리덕션을 통해 ETC의 인플레이션율이 지속적으로 감소합니다. 이는

ETC의 가치를 유지하거나 상승시키는 데 중요한 역할을 합니다. 현재 인플레이션율은 4.26%에서 다음 리덕션 이후 3.41%로 감소할 예정입니다.

네트워크 보안

채굴 보상이 감소함에도 불구하고 네트워크의 지속적인 보안을 유지하기 위한 충분한 채굴 동기가 필요합니다. ETC의 경우 PoW 모델을 계속 유지함으로써 채굴자들이 네트워크를 보호하는 데 적극적으로 참여하도록 유도하고 있습니다.

요약하면 이더리움 클래식의 리덕션은 비트코인 반감기와 유사한 방식으로 작동하여 공급을 줄이고 희소성을 증가시키며, 이는 장기적으로 ETC의 가치를 높이는 데 기여할 것입니다. 이러한 정기적인 보상 감소는 투자자 신뢰를 강화하고 인플레이션을 억제하여 ETC의 미래 가치를 안정적으로 유지하는 데 중요한 역할을 합니다. 리덕션 이벤트는 ETC 네트워크의 경제적 모델을 강화하고, 장기적인 성장 가능성을 높이는 중요한 요소로 작용할 것입니다.

08

카카오 클레이튼과 네이버 핀시아의 합병 플랫폼 카이아

카카오와 네이버의 특징과 차이점을 살펴보고, 카카오 클레이튼Klaytn 과 네이버 핀시아Pinssia에 관하여 프로젝트 합병 목적과 향후 전망을 개별적으로 알아보겠습니다. 그에 앞서 클레이튼이 단독으로 대한민 국 최고 대형 거래소인 업비트에 단독상장이 어려운 이유를 알아보 겠습니다. 클레이튼은 단독으로 업비트에 상장하기 어려웠는데 여러 가지 요인이 복합적으로 작용하고 있었기 때문입니다.

업비트 운영사인 두나무의 주요 주주 중 하나가 카카오입니다. 카 카오는 클레이튼을 개발한 그라운드X의 모회사이기도 합니다. 이런 지분 관계에 따른 법적 문제로 클레이튼을 업비트에 상장하는 것은 특금법(특정 금융정보법)상에 위반될 수 있습니다.

중앙화 문제

클레이튼은 사실상 중앙화 노드에 의존하는 구조로 운영되고 있으며, 이는 프라이빗 블록체인처럼 보일 수 있습니다. 이러한 운영 방식은 탈중앙화를 중시하는 블록체인 커뮤니티와 규제 당국의 우려를 불러일으킬 수 있습니다. 한국의 금융 당국은 가상자산 거래소와 그 거래소의 주요 주주가 발행한 코인 간의 수직구조 문제를 엄격히 다루고 있습니다. 따라서 업비트는 관련 법규를 준수하기 위해 카카오와 관련된 코인을 상장하는 데 신중을 기할 수밖에 없었습니다.

최근 중요 이슈와 해결법

여러 법적 문제로 인해 클레이튼이 단독으로 업비트에 상장되는 것은 현재로서는 어려운 상황이라 핀시아와 합병으로 3자 법인체제를 출범함으로써 업비트 상장을 합법공식화하려는 계획이 예상됩니다.

카카오의 특장점

:

통합 플랫폼

'카카오톡'은 한국의 대표적인 메신저 앱으로 채팅, 통화, 멀티미디어 메시지 등 다양한 기능을 제공합니다. '카카오페이'는 간편결제 및 금융 서비스를 제공하여 사용자들이 쉽게 온라인과 오프라인에서 결제할 수 있도록 지원합니다.

광범위한 생태계

'카카오모빌리티'는 택시 호출, 내비게이션, 자전거 공유 등 다양한 모빌리티 서비스를 제공합니다. '카카오뱅크'는 비대면으로 은행 업무를 처리할 수 있는 인터넷 전문 은행입니다.

콘텐츠 제공

'카카오페이지'는 웹툰, 웹소설 등 디지털 콘텐츠를 제공하며, 다양한 엔터테인먼트 콘텐츠에 쉽게 접근할 수 있습니다. '멜론'은 음악 스트리밍 서비스로 다양한 음악 콘텐츠를 제공합니다.

네이버의 특장점

:

포털 서비스

'네이버 검색'은 한국에서 가장 많이 사용되는 검색 엔진으로 다양한 검색 기능과 풍부한 정보를 제공합니다. '네이버 뉴스'는 다양한 뉴스 매체의 기사를 한곳에서 볼 수 있도록 해 줍니다.

콘텐츠 플랫폼

'네이버 블로그'는 사용자가 자유롭게 글을 작성하고 공유할 수 있는 블로그 플랫폼입니다. '네이버 카페'는 다양한 주제의 커뮤니티를 형성할 수 있는 플랫폼입니다.

기술 및 혁신

'네이버랩스'는 AI, 자율주행, 로봇 등 첨단 기술 연구 및 개발을 합니다. '라인'은 글로벌 메신저 앱으로 일본 및 동남아시아 시장에서 많이 사용하고 있습니다.

전자상거래 및 금융

'네이버 쇼핑'은 다양한 상품을 검색하고 구매할 수 있는 온라인 쇼핑 플랫폼입니다. '네이버 파이낸셜'은 간편결제 서비스와 금융 관련 서비스를 제공합니다.

요약하면 카카오는 통합 플랫폼과 다양한 모바일 서비스를 중심으로 강력한 생태계를 구축하고 있으며, 네이버는 포털 서비스와 다양한 콘텐츠 플랫폼, 첨단 기술 개발에 강점을 보이고 있습니다. 카카오와 네이버 두 회사 모두 각자의 특장점을 활용하여 디지털 생태계에서 중요한 역할을 하고 있습니다.

카카오 클레이튼코인

카카오 클레이튼은 카카오의 블록체인 기술 플랫폼으로 2019년에 출범했습니다. 대규모 상용 서비스를 지원하도록 설계된 퍼블릭 블록체인 플랫폼으로 사용자가 쉽게 블록체인 애플리케이션을 개발하고 사용할 수 있도록 했습니다. 주요 특징은 다음과 같습니다.

- **고성능** : 클레이튼은 빠른 거래 속도와 높은 처리 능력을 제공하여 대규모 서비스 운영에 적합합니다.
- **사용자** : 친화적 블록체인 기술을 잘 모르는 사용자도 쉽게 접근하고 사용할 수 있도록 설계되었습니다.
- **안정성** : 클레이튼은 안정적인 블록체인 환경을 제공하며, 다양한 파트너사와 협력하여 생태계를 확장하고 있습니다.
- **호환성** : 다양한 블록체인 애플리케이션과의 호환성을 지원하여 유연성을 제공합니다.

클레이튼은 다양한 디앱DApp을 통해 실제 상용 서비스에 적용되고 있으며 금융, 콘텐츠, 게임 등의 다양한 산업 분야에서 활용되고 있습니다.

네이버 핀시아

네이버 핀시아는 블록체인 프로젝트로 주로 디지털 콘텐츠와 관련된 블록체인 기술을 개발하고 적용하는 데 중점을 두고 있습니다. 사용자 친화적인 블록체인 환경을 제공하여 다양한 디지털 콘텐츠의 투명성과 보안을 강화하는 것을 목표로 하고 있습니다. 주요 특징은 다음과 같습니다.

- **사용자** : 친화적 인터페이스 블록체인 기술을 쉽게 접근할 수 있도록 사용자 친화적인 인터페이스를 제공합니다.
- **높은 보안성** : 높은 보안성을 제공하여 디지털 콘텐츠의 안전한 저장과 거래를 보장합니다.
- **확장성** : 다양한 디지털 콘텐츠 플랫폼과 호환성을 통해 확장성을 제공합니다.

핀시아는 특히 디지털 콘텐츠 생태계 내에서 블록체인 기술을 활용하여 투명한 거래 환경을 조성하고, 사용자와 콘텐츠 제공자 간의 신뢰를 구축하는 데 중점을 두고 있습니다.

클레이튼과 핀시아의 통합, 카이아

카카오의 클레이튼과 네이버의 핀시아가 합병하여 새로운 블록체인 플랫폼 '카이아Kaia'로 통합되었습니다. 통합 이유에는 여러 가지 전

략적 목적이 있습니다.

두 플랫폼은 합병을 통해 블록체인 생태계를 통합하고 더 강력한 경쟁력을 확보하려고 합니다. 클레이튼과 핀시아는 각각 2018년에 출범한 이래 독립적으로 운영되어 왔으나, 이번 합병을 통해 아시아 시장에서 더 큰 영향력을 발휘하고자 합니다. 이번 합병은 디앱 서비스의 연속성을 보장하고, 더 많은 서비스와 통합을 이루어 탈중앙화 금융DeFi 생태계를 발전시키는 데 중점을 둡니다. 이를 통해 사용자에게 더 나은 경험을 제공하고, 새로운 블록체인 기술과 스테이블코인 등의 영역에서 적극적으로 개발을 진행할 계획입니다.

글로벌 사용자와 개발자, 프로젝트 팀을 위한 친숙하고 열려 있는 메인넷을 구축하여 네이버와 카카오의 협력 관계를 더욱 강화하고자 합니다. 이를 통해 이더리움, 솔라나 등과 같은 글로벌 레이어1 블록체인과 경쟁할 수 있는 기반을 마련하고, 아시아 시장을 선도하는 블록체인 메인넷으로 자리매김할 수 있도록 최선을 다하고 있습니다.

합병 후 대형 거래소 상장 계획

:

클레이튼과 핀시아의 합병은 새로운 블록체인 플랫폼 '카이아'를 탄생시켰습니다. 이를 통해 두 플랫폼의 기술과 생태계를 통합하려는 목적을 가지고 있습니다. 이번 합병으로 발행될 '프로젝트 드래곤 Project Dragon' 토큰은 업비트와 코인베이스 같은 주요 거래소에 상장 계획이 있습니다. 이는 글로벌 시장에서의 유동성을 높이고, 사용자 기반을 확대하기 위한 전략입니다.

클레이튼재단은 이번 합병을 통해 기존 디앱의 서비스 연속성을 보장하고, 디파이 생태계를 강화하여 유동성을 증진시키는 것을 목표로 하고 있습니다. 또한 클레이튼과 핀시아의 통합 토큰인 PDT의 상장을 통해 더 많은 기관과 투자자들을 유치하려고 합니다.

이처럼 클레이튼과 핀시아의 합병 및 업비트 상장은 블록체인 생태계의 확장과 안정성을 강화하기 위한 중요한 단계입니다. 이를 통해 사용자들에게 더 나은 서비스를 제공하고 글로벌 경쟁력을 확보하려는 의도가 담겨 있습니다.

09

코로나 시즌2
팬데믹과 위믹스코인

코로나 시즌2로 인한 팬데믹 가능성과 팬데믹 정의, 팬데믹으로 인한
사회·국가정책 변화, 자산 시장 구조 변화를 조망하고 팬데믹과 게임
산업 관련 P2E 핵심 코인인 위믹스에 관하여 알아보겠습니다.

팬데믹의 발생 가능성

연구에 따르면, 코로나19와 같은 대규모 팬데믹이 매년 발생할 확률
은 약 2%로 추정됩니다. 이는 앞으로 59년 내에 비슷한 규모의 팬데
믹이 다시 발생할 가능성을 의미합니다. 이러한 팬데믹의 발생 확률
은 최근 몇십 년 동안 새로운 병원체가 인간에게 전파되는 빈도가 증
가함에 따라 더욱 높아지고 있습니다.

기후 변화는 팬데믹 발생 가능성을 높이는 주요 요인 중 하나로 작용하고 있습니다. 기후 변화로 인해 극단적인 기상 현상이 빈번해지고, 이는 건강 관리 시스템과 공급망을 교란시켜 질병의 확산을 통제하기 어렵게 만듭니다. 이로 인해 기후 변화와 관련된 전염병의 위험이 증가하고 있습니다.

코로나19 팬데믹은 글로벌 보건 시스템의 취약성을 드러냈습니다. 팬데믹 대응을 위한 국제적 협력과 조정이 부족했고, 이는 국가 간의 백신, 치료제, 진단 도구의 공평한 분배에 어려움을 초래했습니다. 결론적으로 팬데믹 발생 가능성은 여전히 존재합니다.

팬데믹이란?

팬데믹은 전 세계적으로 광범위하게 퍼지는 전염병을 의미합니다. 한 국가나 지역을 넘어서 전 세계적으로 사람들에게 영향을 미치는 질병으로 높은 감염률과 빠른 확산 속도를 특징으로 합니다.

팬데믹, 특히 코로나19 팬데믹은 전 세계적으로 심각한 사회 경제적 영향을 미쳤습니다. 팬데믹이 발생하게 되면 부채로 인해 파산하는 기업과 시민들이 대폭 늘어나게 됩니다. 이는 극도의 사회혼란을 초래할 가능성이 높으며, 현물경제에 기반을 둔 대면 인프라 근로자들은 빈번한 위험에 노출될 가능성이 높습니다.

경제적 영향

생산 및 공급망 붕괴 생산 중단

공장들이 문을 닫거나 운영을 축소하면서 제조업 생산이 크게 감소했습니다. 예를 들어, 중국의 봉쇄 조치는 글로벌 공급망에 큰 혼란을 초래했습니다. 공급망 차질로 부품과 원자재의 공급이 중단되면서 다양한 산업이 영향을 받았습니다. 자동차 산업의 경우 반도체 칩 부족으로 인해 생산이 지연되고 중단되었습니다.

소비 감소

봉쇄와 사회적 거리두기로 인해 외식, 여행, 오락 등 서비스업 소비가 급감했습니다. 반면에 온라인 쇼핑과 배달 서비스의 수요는 크게 증가했습니다.

실업률 증가

많은 기업이 문을 닫거나 직원들을 해고하면서 실업률이 급증했습니다. 예를 들어, 미국에서는 2020년 4월 실업률이 14.7%로 급등했습니다.

소득 불평등 확대

코로나19 팬데믹의 영향은 비정규직과 저임금 노동자들에게 특히 심각했습니다. 이들은 주로 직접적인 대면 서비스를 제공하는 업종에 종사하고 있었기 때문에 실업과 소득 감소의 타격을 더 크게 받았습니다.

사회적 영향

교육의 중단

전 세계적으로 학교들이 문을 닫으면서 학생들의 학습이 중단되거나 온라인으로 전환되었습니다. 이는 교육 격차를 더욱 심화시켰습니다.

정신 건강 문제

사회적 거리두기와 자가격리로 인해 많은 사람이 고립감을 느끼고 스트레스와 불안이 증가했습니다. 특히 장기적인 격리 생활은 정신 건강에 부정적인 영향을 미쳤습니다.

사회적 불평등 심화

저소득층과 취약 계층이 코로나19 팬데믹의 경제적, 사회적 영향을 더 심하게 받았습니다. 이들은 의료 서비스 접근이 어렵고, 재정적 지원이 부족하여 어려움을 겪었습니다.

구체적 사례

자동차 산업

코로나19 팬데믹 초기 단계에서 자동차 제조사들이 공장을 일시적으로 폐쇄하면서 생산이 중단되었습니다. 반도체 칩 부족으로 인한 생산 차질은 이후에도 계속되었습니다.

항공 산업

국제 여행 제한과 여행 수요 급감으로 인해 항공사들이 큰 타격을 받았습니다. 많은 항공사에서 운영을 중단하거나 감축하고, 정부의 재정 지원을 요청했습니다.

소매업

많은 오프라인 소매점들이 문을 닫거나 운영을 축소해야 했습니다. 반면, 온라인 소매업은 급성장하여 전자 상거래 플랫폼들이 큰 수혜를 입었습니다.

이러한 예시들은 팬데믹이 현물경제와 사회 전반에 미친 복합적인 영향을 보여 줍니다. 각국은 이러한 경험을 바탕으로 향후 팬데믹에 대비한 예방 및 대응 전략을 강화해야 할 필요가 있습니다.

코로나19 팬데믹이 게임 산업의 성장을 이끌다

사회적 거리두기와 자가격리

많은 사람이 집에 머물게 되면서 엔터테인먼트의 수요가 급증했습니다. 영화관이나 콘서트와 같은 전통적인 오락 활동이 제한되었기 때문에 사람들은 집에서 즐길 수 있는 게임으로 눈을 돌렸습니다. 이에 따라 게임의 다운로드 수와 판매량이 급증했습니다.

디지털 게임 판매 증가

전통적으로 소매점에서 구매하는 대신 디지털 플랫폼을 통해 게임을 구매하는 트렌드가 강화되었습니다. 스팀Steam, 플레이스테이션 네트워크PlayStation Network, 엑스박스 라이브Xbox Live 등의 디지털 플랫폼은 매출이 크게 증가했습니다.

멀티플레이어 및 온라인 게임

친구나 가족과 떨어져 있는 동안 함께 시간을 보낼 수 있는 방법으로 멀티플레이어 게임이 인기를 끌었습니다. 'Animal Crossing : New Horizons', 'Among Us', 'Fortnite'와 같은 게임들이 큰 인기를 끌며, 사람들 간의 사회적 상호작용을 유지하는 데 도움을 주었습니다.

e스포츠의 성장

많은 스포츠 이벤트가 취소되거나 연기된 가운데 e스포츠는 대체 오락으로 자리 잡았습니다. 많은 사람이 e스포츠 경기를 시청하거나 참여하게 되었으며, 이는 게임 산업의 성장을 더욱 가속화했습니다.

게임 사용자 증가

새로운 플레이어 유입 팬데믹으로 인해 게임을 처음 접하는 사람들이 증가했습니다. 전 연령층에 걸쳐 새로운 플레이어들이 유입되면서 게임 시장의 사용자층이 확장되었습니다.

콘솔 및 하드웨어 판매 증가

닌텐도 스위치, 플레이스테이션 5, 엑스박스 시리즈 X와 같은 게임 콘솔의 수요도 폭발적으로 증가했습니다. 특히 새로운 콘솔 출시와 맞물려 하드웨어 판매량도 기록적인 수치를 기록했습니다.

스트리밍 플랫폼의 성장

트위치Twitch, 유튜브 게이밍YouTube Gaming 등 게임 스트리밍 플랫폼도 큰 성장을 이루었습니다. 게임 플레이를 스트리밍하거나 시청하는 것이 하나의 문화로 자리 잡으면서 관련 산업도 함께 성장했습니다.

개발사의 적극적인 마케팅 및 할인 행사

팬데믹 동안 많은 게임 개발사와 배급사들은 할인 행사, 무료 게임 제공 등 다양한 마케팅 전략을 통해 유저들을 끌어 모았습니다. 이는 게임 산업의 매출 증가로 이어졌습니다. 이 모든 요인이 결합되어 팬데믹 동안 게임 산업은 크게 성장했습니다. 팬데믹이 게임 산업에 미친 영향은 단기적인 매출 증가에 그치지 않고, 장기적으로도 게임 문화와 소비 패턴에 변화를 가져왔습니다.

코로나19 팬데믹은 다양한 산업에 큰 영향을 미쳤으며, 특히 게임 산업과 P2E$^{Play-to-Earn}$ 게임 산업에도 중요한 변화를 가져왔습니다. 여기에는 몇 가지 주요 요인이 있습니다.

P2E 게임 산업

블록체인 기술의 활용

P2E 게임은 블록체인 기술을 활용하여 게임 내 아이템이나 화폐를 실질적인 자산으로 전환할 수 있도록 합니다. 이는 게임 내 활동을 통해 실제 수익을 얻을 수 있는 새로운 기회를 제공합니다.

경제적 기회 제공

많은 사람이 팬데믹 동안 직업을 잃거나 경제적 어려움을 겪으면서 P2E 게임은 경제적 기회를 제공하는 대안으로 부상했습니다. 특히 개발도상국에서 이러한 경향이 두드러졌습니다.

커뮤니티와 협력

P2E 게임은 플레이어 간의 협력과 커뮤니티 형성을 강조합니다. 이는 팬데믹 동안 사회적 상호작용의 부족을 보완하는 역할을 했습니다.

투자와 관심 증가

팬데믹 동안 블록체인 기술과 암호화폐에 대한 관심이 증가하면서, P2E 게임에 대한 투자도 함께 증가했습니다. 이는 새로운 게임과 플랫폼의 개발을 촉진했습니다.

결론적으로 팬데믹은 게임 산업과 P2E 게임 산업에 모두 중요한 영향을 미쳤습니다. 팬데믹으로 인해 디지털 콘텐츠와 온라인 활동에 대한 수요가 증가하면서 게임 산업은 성장했고, P2E 게임은 새로

운 경제적 기회와 기술적 혁신을 통해 주목받게 되었습니다. 앞으로도 이러한 트렌드는 계속될 가능성이 높습니다.

위믹스코인과 P2E 관계, 투자 이유

위믹스Wemix는 P2E 게임 생태계 내에서 중요한 역할을 하는 블록체인 플랫폼입니다. 위믹스는 한국의 게임 개발 회사 위메이드Wemade가 개발한 블록체인 기반 게임 플랫폼으로, 특히 P2E 모델을 통해 사용자에게 새로운 게임 경험과 경제적 기회를 제공합니다. 위믹스의 주요 특징은 다음과 같습니다.

블록체인 기술 통합

위믹스는 블록체인 기술을 게임에 통합하여, 게임 내 자산을 토큰화하고 이를 블록체인에서 안전하게 거래할 수 있게 합니다. 이는 플레이어들이 게임에서 얻은 아이템이나 화폐를 실제 경제적 가치로 전환할 수 있도록 합니다.

다양한 게임 지원

위믹스 플랫폼은 여러 게임을 지원하며, 위메이드의 대표 게임들뿐만 아니라 다른 개발자들도 플랫폼을 이용해 P2E 게임을 출시할 수 있습니다. 이를 통해 다양한 게임 콘텐츠를 제공하고 있습니다.

위믹스 토큰

위믹스 생태계에서 사용하는 주요 토큰으로 게임 내 아이템 구매, 거래 및 플랫폼 수수료 지불 등에 사용됩니다. 위믹스 토큰은 암호화폐 거래소에서 거래될 수 있으며, 이는 게임 플레이어들이 실제로 경제적 가치를 얻을 수 있게 합니다.

게임 내 경제 시스템

위믹스는 게임 내 경제 시스템을 통해 플레이어들이 게임을 즐기면서 수익을 창출할 수 있도록 설계되었습니다. 게임 플레이를 통해 얻은 아이템이나 캐릭터를 블록체인상에서 거래함으로써 실질적인 경제적 이익을 얻을 수 있습니다.

위믹스와 P2E의 시너지

경제적 혜택

위믹스는 P2E 모델을 통해 플레이어들에게 게임 내 활동을 통헤 실제 수익을 얻을 수 있는 기회를 제공합니다. 이는 팬데믹 동안 경제적 어려움을 겪는 사람들에게 새로운 수익 창출 방법을 제공했습니다.

글로벌 접근성

블록체인 기술을 활용한 위믹스 플랫폼은 전 세계 어디서나 접근할 수 있으며, 이는 글로벌 사용자들이 참여할 수 있도록 합니다. 다양한 지역의 플레이어들이 경제적 기회를 탐색할 수 있습니다.

커뮤니티와 협력

위믹스는 커뮤니티 중심의 플랫폼으로, 플레이어 간의 협력과 상호
작용을 장려합니다. 이는 P2E 게임의 특징과 맞물려 사용자들이 더
깊이 있는 게임 경험을 할 수 있도록 합니다.

지속가능한 모델

P2E 게임은 단순한 엔터테인먼트를 넘어서, 지속가능한 경제 모델을
제공하여 게임 개발자와 플레이어 모두에게 이익을 제공합니다. 이
는 위믹스가 지속적으로 성장하고 발전할 수 있는 기반이 됩니다.

요약하면 위믹스는 P2E 게임 산업에서 중요한 역할을 하는 블록체
인 플랫폼으로 게임 플레이를 통해 경제적 가치를 창출할 수 있는 기
회를 제공합니다. 블록체인 기술의 활용과 글로벌 접근성을 통해 위
믹스는 지속 가능한 게임 생태계를 구축하고 있으며, 이는 앞으로도
많은 관심과 성장을 기대할 수 있는 분야입니다.

10
나이지리아의 미래와 크레딧코인

세계 인구 감소는 선진국 위주로 이미 시작됐으며, 수년 내 인구 감소가 가속화되고, 세계 경제는 전반적으로 저성장 위주로 장기 고착화될 가능성이 농후합니다. 브릭스 중심 신흥국가 중에서 2050년까지 인구 성장 속도가 가장 빠르게 예상되는 국가는 인도가 아니라 나이지리아입니다. IMF 자료에 의하면 나이지리아는 인구 성장을 기반으로 GDP도 무섭게 성장할 것으로 예측됩니다.

그래서 미국 등 선진국과 중국, 러시아는 아프리카 대륙에 일찍부터 외교 확장과 무역 관계를 긴밀하게 하기 위한 정책에 기반을 둔 투자를 진행 중입니다. 나이지리아 정부는 가상자산 수용에 적극적이며, 최근 BIS 권고에 의한 나이지리아 SEC의 명확한 가상자산법률안이 서서히 발표되고 있는 상황입니다. 또한 나이지리아 정부는 세금 탈세가 불가능한 CBDC 도입에 적극적이며, 2024년 3월 CBDC 프

로젝트 핵심 파트너로 글루와(CTC 발행사)를 공식 발표했습니다.

지금부터는 아프리카의 경제대국 나이지리아의 미래와 크레딧CTC 코인의 미래에 관하여 구체적으로 알아보겠습니다.

나이지리아 인구 증가와 미래 경제

인구 증가는 다양한 요인이 복합적으로 작용하여 경제 성장에 긍정적인 영향을 미칠 수 있습니다. 인구 증가가 경제 성장에 긍정적인 영향을 미치는 주요 요인은 다음과 같습니다.

노동력 증가

인구가 증가하면 노동력도 함께 증가합니다. 이는 생산성을 높이고 경제 활동을 활발하게 만듭니다.

소비 증가

인구가 많아지면 소비자 수가 증가하여 내수 시장이 확대됩니다. 이는 기업의 매출 증가와 경제 성장에 기여합니다.

혁신과 창업

많은 인구는 다양한 아이디어와 기술을 가져옵니다. 이는 혁신과 창업을 촉진하여 경제를 활성화합니다.

인프라 개발

인구 증가에 따라 주택, 교통, 교육, 의료 등의 인프라 개발이 필요합니다. 이는 건설업 등 여러 산업의 성장을 견인합니다.

다양한 인재 풀

인구 증가로 인해 다양한 배경과 능력을 가진 인재가 많아집니다. 이는 기업의 경쟁력을 높이고, 경제의 다변화를 촉진합니다.

국가 재정 강화

인구가 증가하면 세수도 증가합니다. 이는 정부가 경제 성장에 필요한 투자를 더 많이 할 수 있게 합니다.

나이지리아 정부가 CBDC를 발행하는 주요 목적

중앙은행이 발행하는 디지털 화폐CBDC의 장점은 여러 가지가 있습니다. 이와 같은 장점들 덕분에 CBDC 발행은 많은 국가에서 적극적으로 연구되고 있습니다. 주요 장점은 다음과 같습니다.

금융포용성 증대

CBDC는 은행 계좌가 없는 사람들도 디지털 금융 서비스에 접근할 수 있게 하여 금융 포용성을 높입니다.

거래 효율성 향상

디지털 화폐는 거래 속도를 빠르게 하고, 거래 비용을 절감할 수 있습니다. 이는 소매 및 도매 결제 시스템의 효율성을 향상시킵니다.

화폐 발행 및 관리 비용 절감

현금을 발행하고 관리하는 데 드는 비용이 감소합니다. 디지털 화폐는 물리적 현금의 발행, 유통, 보관 비용을 줄입니다.

불법 활동 억제

CBDC는 거래 내역을 투명하게 기록할 수 있어 자금 세탁, 탈세, 불법 거래 등을 억제하는 데 도움이 됩니다.

금융 안정성 강화

중앙은행이 발행하는 디지털 화폐는 신뢰성이 높아 금융 시스템의 안정성을 강화할 수 있습니다. 또한 디지털 화폐는 비상 상황에서 현금 유동성을 제공하는 안전망 역할을 할 수 있습니다.

통화정책 효과 증대

중앙은행이 직접 디지털 화폐를 발행하고 관리함으로써 통화정책의 전달 메커니즘을 더 효율적으로 운영할 수 있습니다. 예를 들어, 금리 정책이 보다 직접적으로 경제에 영향을 미칠 수 있습니다.

국제 결제 시스템 개선

CBDC는 국제 결제를 더 빠르고 효율적으로 만들 수 있습니다. 이는 환율 변동 리스크를 줄이고, 글로벌 무역을 촉진할 수 있습니다.

나이지리아의 가상자산 사용 현황

높은 채택률

나이지리아는 아프리카 대륙에서 가상자산 채택률이 높은 나라 중 하나입니다. 2021년 기준, 나이지리아는 전 세계적으로 가상자산 보유자 수가 높은 국가 중 하나로 알려져 있습니다. 투자 및 거래가 많은 나이지리아 국민들은 가상자산을 투자 수단으로 활용하고 있으며, 다양한 거래소를 통해 활발하게 거래하고 있습니다.

해외 송금 유리

나이지리아는 해외 송금이 빈번한 국가입니다. 은행을 통한 송금이 번거롭고 비용이 많이 들기 때문에 가상자산을 통한 송금이 인기 있습니다.

글루와와 CTC코인

글루와Gluwa

글루와는 블록체인 기반의 금융 플랫폼입니다. 주로 글로벌 금융 소외 계층에게 금융 서비스를 제공하는 것을 목표로 합니다. 이 플랫폼은 블록체인 기술을 이용하여 금융 서비스에 접근할 수 없는 사람들에게 저렴하고 효율적인 금융 솔루션을 제공합니다. 주요 기능은 다음과 같습니다.

- **국제 송금** : 글루와는 블록체인을 통해 빠르고 저렴한 국제 송금 서비스를 제공합니다.
- **저축** : 사용자는 글루와 플랫폼을 통해 암호화폐로 저축을 할 수 있습니다.
- **대출** : 글루와는 신용평가가 어려운 지역에서도 대출 서비스를 제공합니다.
- **투자** : 사용자들은 다양한 투자 기회를 통해 자산을 늘릴 수 있습니다.

CTC코인

CTC코인은 글루와 플랫폼에서 사용되는 암호화폐입니다. CTC는

'Creditcoin'의 약자로, 주로 글루와 생태계 내에서 다양한 금융 거래를 촉진하는 데 사용됩니다. 주요 용도는 다음과 같습니다.

- **거래 수수료** : CTC코인은 플랫폼 내에서 거래를 할 때 발생하는 수수료를 지불하는 데 사용됩니다.
- **대출 및 차입** : 사용자는 CTC코인을 담보로 대출을 받거나 CTC코인을 대여해 줄 수 있습니다.
- **보상 시스템** : 글루와 플랫폼에서 특정 활동을 완료하면 CTC코인으로 보상을 받을 수 있습니다.

요약하면 글루와는 블록체인 기반의 금융 플랫폼으로 금융 소외 계층에게 저렴하고 효율적인 금융 서비스를 제공합니다. CTC코인은 글루와 플랫폼에서 사용되는 암호화폐로, 주로 거래 수수료 지불, 대출 및 차입, 보상 시스템 등에 사용됩니다.

이러한 방식으로 글루와와 CTC코인은 글로벌 금융 소외 계층에게 더 나은 금융 서비스를 제공하고, 금융 접근성을 높이는 데 기여하고 있습니다.

나이지리아 정부와 글루와가
중앙은행 디지털 화폐의 핵심 파트너로 선정된 의미

금융 포용성 증대

나이지리아는 많은 사람이 은행 계좌가 없는, 즉 금융 소외 계층이 많은 나라입니다. 글루와와의 협력을 통해 디지털 금융 서비스가 확대되면 더 많은 사람이 금융 시스템에 접근할 수 있게 됩니다. 이는 경제 활성화와 빈곤 감소에 크게 기여할 수 있습니다.

기술 혁신 및 효율성 증대

CBDC는 블록체인 기술을 활용하여 거래의 투명성을 높이고, 금융 거래의 효율성을 극대화할 수 있습니다. 글루와의 기술과 경험을 통해 나이지리아는 금융 시스템의 현대화를 빠르게 진행할 수 있습니다. 이는 거래 비용 절감과 시스템 안정성 향상으로 이어질 것입니다.

경제 안정화

디지털 화폐는 화폐 발행 및 관리의 투명성을 높여 경제 안정화에 기여할 수 있습니다. 불법 거래와 탈세를 줄이고, 중앙은행이 통화 정책을 보다 효과적으로 집행할 수 있도록 도와줍니다.

글로벌 금융 시장과의 연계 강화

글루와의 참여는 나이지리아가 글로벌 금융 시장과 더 밀접하게 연계될 수 있는 기회를 제공합니다. 국제 송금과 같은 서비스가 더 빠르고 저렴해지며, 이는 해외에 있는 나이지리아인들이 자국으로 돈을 송금하는 것을 용이하게 만듭니다.

블록체인 기술 확산

나이지리아 정부와 글루와의 협력은 블록체인 기술의 확산과 사용을 촉진할 수 있습니다. 이는 나이지리아뿐만 아니라 다른 개발도상국에서도 블록체인 기술의 잠재력을 인식하고, 이를 도입하는 계기가 될 수 있습니다.

요약하면 나이지리아 정부와 글루와의 CBDC 핵심 파트너 선정은 금융 포용성을 증대시키고, 기술혁신을 촉진하며, 경제를 안정화시키는 중요한 의미를 갖습니다. 또한 글로벌 금융 시장과의 연계를 강화하고 블록체인 기술의 확산을 촉진하는 데 기여할 것입니다.

인공위성 ISP 프로젝트 개요

나이지리아 정부와 글루와가 함께 추진하는 인공위성 ISP(인터넷 서비스 제공) 사업은 아프리카 대륙에 중요한 영향을 미칠 수 있는 프로젝트입니다. 이 프로젝트의 구체적인 내용과 의미를 설명하겠습니다.

목적

나이지리아와 아프리카 대륙 전반에 인터넷 접근성을 향상시키기 위해 인공위성을 이용한 인터넷 서비스 제공을 목표로 합니다. 이는 현재 인터넷 인프라가 부족한 지역에 고속의 인터넷을 안정적으로 제공하는 것을 목표로 합니다.

참여 기관

나이지리아 정부는 인프라 구축 및 행정적 지원을 담당합니다. 글루와는 기술적 지원과 블록체인 기반의 금융 서비스를 제공합니다. 특히 디지털 금융 플랫폼과 결합하여 인터넷 서비스와 금융 서비스를 통합하는 방안을 추진합니다.

인공위성 ISP 프로젝트의 주요 내용은 다음과 같습니다.

인공위성 인터넷 서비스

저궤도LEO 위성 또는 정지궤도GEO 위성을 통해 인터넷 서비스를 제공합니다. 인터넷 속도 및 품질 고속 인터넷 연결을 통해 기존의 지상 기반 인터넷 인프라가 미치지 못하는 지역에서도 안정적인 인터넷 서비스를 제공합니다.

인터넷 접근성 향상

인터넷 접근이 어려운 농촌 지역과 소외된 커뮤니티에 집중합니다. 인터넷 접근성의 향상으로 디지털 격차를 줄이고 교육, 의료, 경제 활동 등의 다양한 분야에서 혜택을 제공합니다.

블록체인 기술과의 통합

글루와는 블록체인 기반의 금융 플랫폼을 통해 인터넷 서비스와 금융 서비스를 통합합니다. 디지털 금융 서비스 인터넷을 통해 블록체인 기반의 금융 서비스(예 : 디지털 지갑, 국제 송금, 대출 서비스 등)를 쉽게 접근할 수 있게 합니다.

인공위성 ISP 프로젝트의 의미와 영향은 다음과 같습니다.

경제 성장 촉진

인터넷 접근성 향상으로 전자상거래, 원격 교육, 원격 의료 등 다양한 분야에서 경제 활동이 활발해질 것입니다. 이는 아프리카 대륙 전체의 경제 성장을 촉진할 수 있습니다.

사회적 혜택 증대

더 많은 사람이 인터넷을 통해 정보와 교육에 접근할 수 있게 되어 사회적 혜택이 증대됩니다. 이는 빈곤 감소와 생활 수준 향상에 기여할 수 있습니다.

디지털 금융 포용성 확대

블록체인 기반의 금융 서비스와 결합하여 은행 계좌가 없는 사람들도 쉽게 금융 서비스를 이용할 수 있게 됩니다. 이는 금융 포용성을 확대하고, 경제적 기회를 창출하는 데 큰 도움이 됩니다.

기술 혁신 및 인프라 개선

인공위성 인터넷 서비스는 기술 혁신을 촉진하고, 인터넷 인프라를 크게 개선할 수 있습니다. 이는 장기적으로 아프리카 대륙의 기술 발전과 인프라 구축에 기여할 것입니다.

결론적으로 나이지리아 정부와 글루와의 인공위성 ISP 사업은 아프리카 대륙의 인터넷 접근성을 크게 향상시키고, 경제 성장과 사회적 혜택을 증대시키는 중요한 프로젝트입니다. 이를 통해 디지털 격차를 줄이고, 블록체인 기술을 활용한 디지털 금융 서비스를 확산시키는 데 중요한 역할을 할 것입니다.

CTC코인의 미래 가치

CTC코인의 미래 가치는 글루와와 나이지리아 정부 간의 파트너십 및 향후 사업 전개에 크게 좌우될 것으로 예상됩니다. 이러한 파트너십이 성공적으로 진행된다면, CTC코인은 다음과 같은 요인들로 인해 가치가 상승할 가능성이 높습니다.

금융 포용성 증대

나이지리아와 같은 아프리카 국가들에는 금융 서비스에 접근할 수 없는 사람이 많습니다. 글루와의 블록체인 기술과 CTC코인을 통해 이들 금융 소외 계층이 금융 서비스에 접근할 수 있게 되면 CTC코인의 수요가 증가할 것입니다.

eNaira 채택 가속화

나이지리아의 CBDC인 eNaira의 채택이 가속화됨에 따라 글루와의 블록체인 기술과 CTC코인이 중요한 역할을 하게 됩니다. 이는 CTC코인의 사용 범위를 넓히고, 거래 수수료 및 다양한 금융 활동에서 CTC코인의 사용을 촉진할 것입니다.

블록체인 기술 통합

글루와의 블록체인 기술이 나이지리아의 금융 시스템에 통합됨에 따라 CTC코인의 활용 범위가 확장됩니다. 이는 대출, 송금, 저축 등 다양한 금융 서비스에서 CTC코인의 역할을 강화할 것입니다.

글로벌 시장 진출

글루와의 성공적인 파트너십은 다른 아프리카 국가들로의 확장을 촉진할 수 있습니다. 더 많은 국가가 글루와의 블록체인 솔루션을 도입하면 CTC코인의 글로벌 수요가 증가할 것입니다. 이는 CTC코인의 가치 상승에 긍정적인 영향을 미칠 수 있습니다.

경제적 영향력 증대

아프리카 대륙에서의 인터넷 접근성 향상과 디지털 금융 혁신은 아프리카 국가들의 경제 성장에 기여할 것입니다. 이는 CTC코인의 경제적 영향력을 증대시키고, 투자자들의 신뢰를 높여 CTC코인의 가치를 상승시킬 수 있습니다.

요약하면 글루와와 나이지리아 정부의 협력은 CTC코인의 미래 가치를 높이는 중요한 요인으로 작용할 수 있습니다. 성공적인 사업 진행과 더불어 아프리카 대륙의 디지털 금융 혁신이 지속된다면 CTC코인은 장기적으로 높은 가치를 유지하고 성장할 가능성이 큽니다.

11

익명성 코인의 미래
- 지캐시, 호라이젠

한국에서 지캐시Zcash(ZEC)와 호라이젠Horizen(ZEC) 등 여러 프라이버시 코인이 상장폐지되었습니다. 이는 규제 당국의 불명확한 규제와 해당 암호화폐들의 익명성 기능이 자금 세탁 방지AML 및 테러 자금 조달 방지CTF 규정에 반한다고 판단한 결과였습니다. 익명성 코인 규제가 명확해진다면 지캐시와 호라이젠은 한국에 재상장될 겁니다. 가상자산 시장에서 익명성 코인은 사용자의 프라이버시와 보안을 강화하는 역할을 합니다.

익명성 코인의 중요성

프라이버시 보호

익명성 코인은 거래 내역과 사용자 정보를 비공개로 유지합니다. 이를 통해 사용자들은 개인 정보가 공개되지 않고 안전하게 거래를 할 수 있습니다. 대표적인 예로 지캐시와 호라이젠이 있습니다.

보안 강화

익명성 코인은 사용자의 자산을 보호하는 데 중요한 역할을 합니다. 거래 내역이 공개되지 않기 때문에 해킹 및 사기 시도를 줄일 수 있습니다.

검열 저항성

익명성 코인은 국가나 기관의 검열을 피하는 데 도움이 됩니다. 이는 특정 국가에서 가상자산 거래가 제한되거나 금지된 경우에도 유용합니다.

금융 자유 증진

사용자들이 자신이 원하는 방식으로 자산을 관리하고 거래할 수 있는 자유를 제공합니다. 이는 전통적인 금융 시스템에서 제공되지 않는 유연성을 의미합니다.

익명성 보호를 위한 기술 발전

익명성 코인은 블록체인 기술의 발전을 촉진합니다. 다양한 익명성 보호 기술이 개발되면서 전체 가상자산 시장의 기술적 발전에도 기여합니다. 이러한 이유들로 인해 익명성 코인은 가상자산 시장에서 중요한 위치를 차지하고 있으며, 사용자들에게 더 큰 프라이버시와 보안성을 제공합니다.

전 세계 중앙은행들이 CBDC에 제로 지식 증명Zero-Knowledge Proof (ZKP) 기술을 사용하는 이유는 주로 프라이버시 보호와 보안 강화에 있습니다. 이를 통해 프라이버시와 보안을 동시에 강화하려는 노력을 기울이고 있습니다. 주요 이유는 다음과 같습니다.

프라이버시 보호

ZKP는 사용자 개인 정보와 거래 내역을 외부에 공개하지 않으면서도 거래의 유효성을 검증할 수 있는 기술입니다. 중앙은행들은 이를 통해 사용자 프라이버시를 보호하면서도 거래의 신뢰성을 유지할 수 있습니다.

보안 강화

ZKP는 거래 과정에서 민감한 정보가 외부에 노출되지 않기 때문에 해킹이나 사기 시도로부터 사용자를 보호할 수 있습니다. 이는 CBDC의 보안성을 크게 향상시킵니다.

규제 준수

중앙은행들은 AML(자금 세탁 방지)과 KYC(고객 확인 제도) 규제를 준수해야 합니다. ZKP를 사용하면 이러한 규제를 준수하면서도 사용자의 프라이버시를 보호할 수 있습니다. 예를 들어, 거래의 합법성을 확인하면서도 거래 상대방의 세부 정보를 노출하지 않을 수 있습니다.

투명성과 신뢰성

ZKP를 통해 거래의 무결성과 유효성을 보장할 수 있기 때문에 사용자들이 CBDC를 신뢰하고 사용할 수 있습니다. 이는 중앙은행이 발행하는 디지털 화폐의 채택을 촉진합니다.

기술적 혁신 촉진

ZKP는 최신 암호화 기술 중 하나로, 이를 CBDC에 적용함으로써 중앙은행들은 기술적 선도자로 자리매김할 수 있습니다. 이는 금융 시스템의 혁신을 촉진하고 더 나은 금융 서비스를 제공할 수 있는 기회를 제공합니다.

국제 협력과 상호운용성

여러 국가의 중앙은행이 ZKP를 채택하면 서로 다른 국가 간의 CBDC 상호운용성이 향상될 수 있습니다. 이는 국제 결제 시스템의 효율성을 높이고, 글로벌 경제 협력을 강화할 수 있습니다.

그레이스케일이 지캐시와 호라이젠에 투자하는 이유

프라이버시와 보안

지캐시와 호라이젠은 프라이버시를 중시하는 암호화폐입니다. 지캐시는 ZKP를 통해 송신자, 수신자 및 거래 금액을 공개하지 않으면서도 거래를 검증할 수 있습니다. 호라이젠도 프라이버시와 확장성에 중점을 둔 블록체인 프로젝트로 안전한 분산 애플리케이션을 지원합니다. 이는 그레이스케일이 추구하는 프라이버시 보호 기술과 일치합니다.

172

프라이버시 솔루션에 대한 수요 증가

블록체인 공간에서 데이터 보안과 익명성에 대한 사용자와 기관의 관심이 높아지면서 프라이버시 솔루션에 대한 수요가 증가하고 있습니다. 그레이스케일은 이러한 수요를 충족시키기 위해 가상자산에 투자하고 있습니다.

다양화와 리스크 관리

프라이버시 코인에 대한 투자는 그레이스케일의 자산 포트폴리오를 다양화하고 리스크를 관리하는 데 도움이 됩니다. 이는 비트코인, 이더리움과 같은 주요 자산 외에 추가적인 투자 기회를 제공하여 포트폴리오의 안정성을 높이는 전략입니다.

프라이버시 ETF 준비

그레이스케일은 프라이버시 중심의 상장지수펀드ETF를 준비 중입니다. 이 ETF는 데이터 보안, 사이버 보안 서비스, 블록체인 기반 프라이버시 솔루션 등을 포함할 예정이며, 여기에는 그레이스케일 지캐시 트러스트Zcash Trust도 포함될 것입니다. 이러한 ETF는 프라이버시 기술 및 사이버 보안 분야의 중요성을 강조하며, 투자자들에게 새로운 투자 기회를 제공합니다.

현재 그레이스케일은 미국 증권거래위원회SEC에 프라이버시 ETF 승인 신청을 제출한 상태입니다. 승인 여부는 아직 결정되지 않았으나, 이는 프라이버시 기술과 사이버 보안 분야에서의 중요한 발전을 의미합니다.

12

중국과
네오코인의 미래

가상자산에 대한 중국의 접근

중국은 최근 몇 년 동안 가상자산과 탈달러화에 대해 상당히 적극적인 접근을 취해 왔습니다. 2021년 9월 중국은 모든 가상자산 거래를 금지했습니다. 이 조치는 가상자산이 금융 범죄를 촉진하고 경제 불안정을 초래할 수 있다는 우려에서 비롯했습니다. 특히 가상자산이 자본 도피를 촉진하고 있다는 점이 주요 이유 중 하나였습니다. 중국의 자본 통제하에서 연간 외화 구매 한도는 5만 달러로 제한되는데, 비트코인과 같은 가상자산은 이러한 통제를 우회하는 수단으로 사용되었습니다.

그럼에도 불구하고 중국 법원은 비트코인 등을 '가상자산'으로 인정하고 재산법의 보호를 받을 수 있도록 하는 '사법 실용주의' 원칙을

적용하고 있습니다. 이는 중국 내에서 비트코인의 경제적 가치를 인정하면서도 엄격한 규제와 통제를 유지하는 접근입니다.

또한 중국은 탈달러화 전략을 적극 추진하고 있습니다. 최근 몇 년간 중국의 국제 결제에서 위안화의 비중이 꾸준히 증가했으며, 2023년 3월에는 처음으로 달러를 넘어섰습니다. 이는 중국이 국제 결제에서 달러 의존도를 줄이고 위안화의 사용을 촉진하려는 의도에서 비롯한 것입니다. 특히 중국은 석유 거래에서 위안화 기반의 선물 계약을 도입하여 페트로위안 시스템을 구축하고 있습니다.

브릭스 국가들은 블록체인과 디지털 기술을 기반으로 한 새로운 결제 시스템을 구축하려고 하며, 이는 달러에 대한 의존도를 줄이려는 글로벌 움직임의 일환입니다. 이러한 시스템은 디지털 통화를 사용하여 국제 결제를 수행할 수 있도록 설계되고 있습니다.

이러한 전략은 미국의 금융 제재 위험을 피하고자 하는 노력의 일환으로 볼 수 있으며, 중앙은행들이 금 보유량을 늘리는 등의 조치를 통해 달러 보유를 줄이는 움직임도 포함됩니다.

중국의 가상자산 및 탈달러화 정책은 국가의 금융 안정성을 유지하고 국제 경제에서의 영향력을 확대하려는 복합적인 전략으로 이해할 수 있습니다.

중국의 홍콩을 통한
가상자산 제도권 수용 정책

중국은 본토에서 가상자산을 엄격히 규제하고 있지만, 홍콩을 통해 가상자산 수용을 탐색하는 전략을 펼치고 있습니다. 홍콩은 최근 몇 년간 가상자산과 Web3 기술에 대해 활발한 지원을 보여 주고 있으며, 이는 중국 본토와 대조적인 접근법입니다.

홍콩의 가상자산 정책

홍콩은 가상자산 거래 플랫폼에 대한 규제를 강화하며, 새로운 면허 제도를 도입했습니다. 이는 투자자 보호와 금융 시스템의 안정성을 강화하기 위한 조치로 가상자산 거래 플랫폼은 홍콩 증권선물위원회 SFC로부터 면허를 받아야 합니다. 또한 홍콩은 스테이블코인에 대한 규제를 마련하고 있으며, 이는 스테이블코인 발행자들이 충분한 준비금을 보유하고 정기적으로 보고서를 제출하도록 요구합니다.

중국의 홍콩을 통한 전략

중국 본토는 가상자산 거래와 채굴을 금지하고 있지만, 홍콩을 가상자산의 샌드박스로 사용하고 있습니다. 홍콩을 통해 가상자산과 관련된 다양한 실험을 진행하고, 이를 통해 얻은 교훈을 본토 정책에 반영하려는 의도로 보입니다. 예를 들어, 중국 최대의 자산 운용사들이 홍콩 자회사를 통해 비트코인 ETF에 참여하고 있습니다. 이는 홍콩을 통해 본토의 투자자들이 가상자산에 접근할 수 있는 기회를 제공하는 동시에, 중국 본토의 엄격한 규제를 우회하는 방법이 될 수 있습니다.

네오코인의 미래 전망

NEO는 중국에서 개발된 블록체인 플랫폼으로, 스마트 계약과 탈중앙화 애플리케이션dApps을 지원합니다. NEO는 중국 본토의 엄격한 규제에도 불구하고, 홍콩을 통한 활동을 통해 성장할 수 있는 잠재력을 가지고 있습니다.

기술적 발전과 업그레이드

NEO는 지속적인 기술 개발과 업그레이드를 통해 경쟁력을 유지하고 있습니다. 예를 들어, NEO3 업그레이드는 더 빠른 트랜잭션 속도와 개선된 스마트 계약 기능을 제공하여 개발자들에게 매력적인 플랫폼이 될 수 있습니다.

규제 환경

중국 본토의 엄격한 규제에도 불구하고 홍콩의 규제 완화는 NEO와 같은 중국 기반 가상자산 프로젝트에 긍정적인 영향을 미칠 수 있습니다. 이는 중국 기업들이 홍콩을 통해 글로벌 시장에 접근할 수 있는 기회를 제공할 것입니다.

시장 수요

NEO는 탈중앙화 금융DeFi, NFT(대체 불가능 토큰), Web3와 같은 블록체인 기술의 다양한 응용 분야에서 사용될 수 있어, 이러한 기술이 성장함에 따라 NEO의 수요도 증가할 것입니다. 이는 NEO의 가격과 시장 가치를 긍정적으로 이끌 수 있습니다.

요약하면 홍콩의 적극적인 가상자산 정책과 규제 완화는 NEO와 같은 프로젝트에 긍정적인 영향을 미칠 수 있습니다. NEO는 지속적인 기술 혁신과 시장 수요 증가를 통해 성장할 가능성이 크며, 이는 향후 몇 년간 긍정적인 시장 전망을 제공할 것입니다.

13

현물경제와
RWA코인

현물경제와 RWA코인은 전통적인 경제 활동과 최신 블록체인 기술의 결합을 통해 더 많은 기회를 창출하고, 자산 거래의 효율성을 높이는 데 기여하고 있습니다.

현물경제

현물경제는 우리가 일상에서 거래하는 실제 물건과 서비스를 포함하는 경제를 의미합니다. 예를 들어, 슈퍼마켓에서 식료품을 사거나, 공장에서 제품을 생산하는 것 등이 모두 현물경제에 속합니다. 이 경제는 눈에 보이고 손으로 만질 수 있는 실물자산을 중심으로 이루어집니다.

RWA코인

⋮

코인은 블록체인 기술을 활용하여 실물자산Real World Assets(RWA)을 토큰화한 디지털 자산을 의미합니다. 여기서 실물자산은 부동산, 금, 주식, 채권 등과 같은 실제 세계의 자산을 포함합니다. RWA코인의 주요 특징은 다음과 같습니다.

자산의 토큰화

실제 자산을 디지털 토큰으로 변환하여 블록체인상에서 거래할 수 있게 합니다.

투명성

블록체인 기술을 통해 모든 거래가 투명하게 기록되어 누구나 확인할 수 있습니다.

유동성

전통적으로 유동성이 낮은 자산도 토큰화함으로써 더 쉽게 거래할 수 있습니다.

접근성

소액 투자자들도 높은 가치의 실물자산에 부분적으로 투자할 수 있습니다. 예를 들어, 부동산을 RWA코인으로 토큰화하면 투자자는 전체 건물을 사지 않고도 소액으로 건물의 일부를 소유할 수 있게 됩니다. 이는 많은 사람이 고가의 자산에 접근할 수 있는 기회를 제공합니다.

왜 블랙록은 RWA를 준비할까?

:

블랙록BlackRock과 같은 대형 자산 관리 회사가 RWA(실물자산)를 준비하는 이유는 여러 가지가 있습니다. 주요 이유는 다음과 같습니다.

포트폴리오 다각화

블랙록은 다양한 자산에 투자하여 리스크를 분산시키고 수익을 극대화하려 합니다. RWA는 전통적인 금융 자산과는 다른 수익 구조와 리스크 프로파일을 가지므로 포트폴리오의 다각화에 기여할 수 있습니다.

유동성 향상

RWA를 토큰화하면 유동성이 낮은 자산도 보다 쉽게 거래할 수 있게 됩니다. 예를 들어, 부동산이나 예술품 같은 자산은 전통적으로 거래가 어렵고 시간이 많이 걸리지만, 이를 토큰화하면 더 많은 투자자가 쉽게 접근하고 거래할 수 있게 됩니다.

투명성과 신뢰성 강화

블록체인 기술을 활용하면 모든 거래가 투명하게 기록되고, 위조·변

조가 어려워집니다. 이는 투자자들에게 더 큰 신뢰를 제공하며, 블랙
록과 같은 기관이 관리하는 자산에 대한 신뢰도를 높입니다.

새로운 투자 기회 창출

RWA를 통해 새로운 투자 기회를 창출할 수 있습니다. 예를 들어, 고
가의 부동산이나 희귀 예술품에 대한 소액 투자가 가능해져 더 많은
투자자가 참여할 수 있게 됩니다. 이는 기존에 접근이 어려웠던 자산
에 대한 투자의 문을 열어 줍니다.

효율성 증대

블록체인 기술은 중개인을 줄이고 거래 과정을 자동화하여 거래 비
용을 절감하고 효율성을 높일 수 있습니다. 이는 블랙록과 같은 대형
자산 관리 회사에 큰 이점을 제공합니다.

시장 수요 대응

점점 더 많은 투자자가 디지털 자산과 블록체인 기술에 관심을 갖고
있습니다. 블랙록은 이러한 시장 수요에 대응하여 새로운 상품을 제
공하고, 경쟁력을 유지하고자 합니다.

블랙록이 RWA를 준비하는 것은 포트폴리오 다각화, 유동성 향상,
투명성 강화, 새로운 투자 기회 창출, 효율성 증대, 그리고 시장 수요
에 대응하기 위해서입니다. 이는 블랙록이 자산 관리에서 선두 자리
를 유지하고, 투자자들에게 더 나은 서비스를 제공하기 위한 전략적

인 움직임입니다.

주목할 만한 RWA 관련 코인

2024년 7월 기준으로 검증된 RWA 관련 코인 중 주목할 만한 4개를 소개합니다. 이 코인들은 실제 자산과 연계되어 있거나 해당 자산의 토큰화를 목표로 하고 있습니다. 물론 KLAY와 CTC도 관련 있지만 현재까지의 근거로만 나열합니다. 이 코인들은 실제 자산의 디지털화를 통해 다양한 금융 서비스를 혁신하고자 합니다.

메이커MKR

MakerDAO의 거버넌스 토큰으로, DAI라는 스테이블코인을 발행하고 관리하는 데 사용됩니다. DAI는 다양한 실제 자산을 담보로 발행됩니다.

체인링크LINK

스마트 계약을 실제 세계 데이터와 연결하는 오라클 네트워크입니다. RWA 관련 데이터의 신뢰성을 보장하는 데 중요한 역할을 합니다.

신세틱스SNX

실제 자산을 추적하는 합성 자산을 발행할 수 있는 프로토콜입니다. 다양한 실제 자산을 디지털 형식으로 거래할 수 있게 합니다.

에이브AAVE

탈중앙화 대출 플랫폼으로 실제 자산을 담보로 디지털 자산을 대출
할 수 있습니다.

PART 4

새로운 화폐개혁은
가상자산으로 한다

CRYPTO SIGNAL

01
미국이 기축통화국을 포기하고 가상자산으로 이동한다

미국이 기축통화국을 포기하고 그 에너지는 BTC를 축으로 가상자산으로 이동 중입니다.

　우리가 매일 보고 듣는 뉴스들은 그동안 진실을 대중에게 전했을까요? 그 뉴스를 근거로 판단한 것이 정답이라서 결국 부자가 됐나요? 왜 우리는 새벽부터 밤 늦게까지 열심히 사는데도 대출을 받아야 할까요? 더 늦기 전에 깨달아서 가난에서 벗어나야 합니다.

　세상이 흘러가는 진실을 알아야 합니다. 그것을 바탕으로 여러분의 사업, 직장, 공부, 투자에서 승리하기를 기원합니다. 미국의 내수 정책은 달러를 전 세계로 확장이 아닌 고립을 추구하며, 기존의 달러 수출 패러다임을 서서히 감소시킵니다. 또한 중국과 러시아를 비롯한 OPEC와 브릭스는 달러를 국제결제에서 전면 배제시켰습니다. 과연 미국 연준 뒤의 세력은 무엇을 원할까요?

사우디아라비아가 주도하는 산유국가의 국제조직 OPEC에 비가맹 러시아를 더한 OPEC+가 2022년 10월 5일 미국의 반대를 무시하고 11월부터 200만 배럴씩 감산하기로 결정했습니다. 중간선거를 앞두고 미국 전략비축유 방출을 시행해 유가는 하락하고 미국 연준의 강력한 금리 인상 압박으로 경기 하강이 전 세계로 확산하며 천연가스, 원유 등 하방압력을 가중시켰습니다.

　또한 러시아-우크라이나 전쟁을 두고 미국과 러시아의 8개월 만의 회담 결과가 시장에 금융 시장에 훈풍을 불러왔고 가상자산 시장 상승장을 전면 배제할 수 없었습니다. 미 정부는 사우디아라비아와 UAE에 대해 무기 판매를 감소·중지하거나 WTO에 제소하거나 재미자산을 동결하는 것까지도 검토했습니다. 민주당 주도의 미 의회는 OPEC를 독점금지법 위반 조직으로 법원 유죄 판결을 내리는 NOPEC 법안을 심의했습니다.

　이들 방책은 일견 사우디아라비아 등을 곤란하게 하는 것으로 보이지만 사실 사우디아라비아 등에 대한 미국의 영향력과 패권을 저하시키는 자멸책입니다. 사우디아라비아와 UAE는 미국이 무기를 팔지 않으면 러시아나 중국에서 사면 될 뿐입니다. 재미자산이 동결된다면 사우디아라비아 등 OPEC는 석유를 달러가 아닌 위안화와 루피등 반미국의 통화로 팔도록 하여 달러와 미국을 회피하는 경향을 강화합니다.

　브릭스는 달러를 사용하지 않는 국제 결제 체제의 구현화를 서두르고 있습니다. 이 흐름은 달러의 기축성 상실과 달러 붕괴로 이어집니다. 지금까지 사우디아라비아는 석유를 달러로 판매하고, 그 매출

금으로 미국채 등 미국의 금융상품이나 고급제품을 구입했습니다. 그 결과, 미국의 금융계와 산업계는 벌어지고, 미국채의 금리가 낮게 유지되고 있습니다. 사우디아라비아가 석유대금으로 미국의 무기를 고가로 사는 덕분에 미국의 군산 복합체만 배를 불리고 있습니다.

이 페트로달러의 순환은 중국이 제조업 하도급으로 벌어들인 자금으로 미국채를 사던 중국 순환과 함께 미국의 풍요로움과 패권의 원천이었습니다. 앞으로 미국이 사우디아라비아에 대한 적시를 강하게 하여 무기를 팔지 않게 되고 재미 자산을 동결한다고 위협을 계속하면, 그것은 페트로달러 체제, 즉 미국 패권의 붕괴로 이어져 사우디아라비아가 아니라 미국이 파탄하게 됩니다. 사우디아라비아가 미국 측이 아닌 반미 측 신흥국가에 석유를 팔고 러시아와 중국에서 무기를 구매하면, 이는 달러의 축소를 부추기게 됩니다.

미국 패권의 붕괴는 유럽 등을 포함한 미국 측 국가들의 경제 붕괴를 일으키고, 그렇게 되면 이 국가들이 긴 불황·경제 파탄을 경험하게 됨으로써 석유 소비도 줄어들게 됩니다. 미국 측은 더 이상 사우디아라비아의 석유 판매 고객이 아니기 때문에 사우디아라비아가 미국 측을 중시할 필요도 없어집니다.

향후 세계 경제의 중심이 될 나라는 미국 측이 아니라 중국, 인도, 중남미, 아프리카 등 반미 측 신흥국가와 도상국가입니다. 사우디아라비아가 반미 측과 적극적으로 사귀고 미국 측이 화를 내는 것은 장기적으로는 사우디아라비아를 발전시키는 좋은 전략입니다. 그 시작으로 사우디아라비아와 러시아가 주도한 OPEC의 감산은 획기적입니다.

미국의 패권이 강성했을 때 사우디아라비아는 미국에서 아무리 학대받아도 반미, 대미 자립을 하지 않았습니다.(석유 수출 등 은연한 반미는 하고 있었지만, 분명한 반미는 하지 않았습니다.) 하지만 상황은 러시아-우크라이나 전쟁 개시로 미국 측과 러시아가 결정적으로 대립한 뒤 전환하기 시작했습니다. 러시아-우크라이나 개전과 동시에 미·영·중은 리먼 위기 이후 달러의 유일한 지지였던 QE를 그만두고 QT를 시작해 달러와 미 패권의 붕괴가 시간 문제가 됐습니다.

세계는 많은 자원류를 갖고 있는 러시아 주도의 반미 측과 미국 측으로 분열하고, 미국 측의 버블 붕괴로 자멸해 나가는 흐름이 시작되었습니다. OPEC에는 이란, 이라크, 베네수엘라, 알제리도 들어 있는데, 모두 미국과 유럽에 의한 심한 압박의 역사가 있어 미 패권의 자멸과 다극화를 환영하고 있습니다.

미국 바이든 정부는 2022년 11월 미국 중간선거에서 패배에 직결될 수 있는 석유제품의 상승을 막기 위해 사우디아라비아에 증산을 부탁했지만 거절당하고, 오히려 감산되어 버렸기 때문에 졸속 대책으로서 미국 정부가 가진 비상용 전략비축유를 방출해 석유제품 가격을 인하하려 했습니다. 미 정부는 단기간에 전략비축유의 25%를 방출했습니다. 이 경향이 계속되면 앞으로 정말 전략비축유가 필요하게 되었을 때 부족한 상황이 될 수 있습니다.

위기 상황은 부지불식간에 올 수 있습니다. 그렇게 되면 유가 상승의 압박을 불러오고 OPEC에 부탁하는 미국을 볼 수 있을지도 모릅니다. 인플레이션을 잡기 위해 미국은 결정할 것입니다.

2024년 트럼프가 다시 대통령이 됨으로써 미국의 고립화는 앞당

겨지게 되었습니다. 트럼프는 앞서 러시아와 친분이 두텁고, 이전의 대선에서 트럼프가 당선할 때 러시아의 도움이 컸다는 건 이미 기정 사실화되어 있습니다. 과연 미국 연준 뒤의 세력은 2022년 말부터 2025년 거대한 퍼즐을 어떻게 맞출까요?

왜 미국은 내수 시장을 확장하고 달러를 고립시킬까요? 그것은 가 상자산과 어떻게, 무슨 관련이 있을까요? 달러의 지배력이 큰 에너지 가 XRP를 비롯한 가상자산으로 이동할 것은 100% 자명한 일입니다. 정치세력은 미디어를 통해서 대중의 눈과 귀를 가리지만 진실은 감 춰지지 않습니다. 우리는 이미 준비했습니다. 가상자산으로….

02

미국 연준은 더 이상
경기 상승을 위해 할 수 있는 게 없다

금리를 올려도 내려도 미국 연준은 이미 돌아올 수 없는 강을 건넜습니다. 수년에 걸쳐서 중금리 고물가 저성장이 올 것입니다. 경제에 관해서는 두렵지만 코인 투자자로서는 향후 몇 년이 설렙니다. 지금부터 설명할 내용은 DCG그룹 수석자문관 래리 서머스 전 미국 재무장관의 견해와도 일치합니다. 정답은 정해졌고 시간이 문제일 뿐입니다.

단기적으로 2024년 말과 2025년 초 미국 연준의 금리 인하는 경제와 금융 시장에 큰 영향을 미칠 것으로 보입니다. 금리 인하로 인해 차입 비용이 줄어들면서 기업과 개인 모두 대출을 더 쉽게 이용할 수 있게 되며, 이는 경제 성장을 촉진하는 데 기여할 수 있습니다. 특히 주택 시장에서는 높은 금리로 인해 거래가 위축되었으나, 금리 인하로 인해 주택담보대출 이자율이 하락하면서 주택 구입 수요가 다시 증가할 가능성이 큽니다.

그러나 인하 속도와 폭에 대한 불확실성도 존재합니다. 미국 연준은 경제의 연착륙을 목표로 금리를 점진적으로 인하할 계획이지만, 일부 투자자들은 더 빠르고 큰 폭의 금리 인하를 기대하고 있습니다. 특히 인플레이션이 크게 완화된 상황에서 미국 연준의 정책이 경제의 활력을 불어넣는 데 얼마나 빠르게 효과를 발휘할지는 지켜봐야 할 문제입니다.

문제는 이들 국가들이 금리 인상폭을 줄인 후에 또다시 CPI 인플레이션 수치가 예상치를 상회했다는 것입니다. 이것이 의미하는 바는 무엇일까요? 또다시 긴축정책을 강화할 가능성이 높아졌습니다. 과연 그런다고 인플레이션이 해결될까요? 경기 침체만 가속화시키고 돈 가치만 하락할 뿐입니다.

DCG그룹의 중요 어드바이저인 래리 서머스가 아주 중요한 발언을 했습니다. 향후 금리 동결이나 인하로 인한 달러 반전이 인플레이션 압력을 가져올 수 있다고 경고했습니다. 몇 문장에 향후 미국 경제와 달러에 대한 현실적인 예측이 담겨 있습니다. 왜 우리가 코인 투자하는지에 관한 명쾌한 해석입니다.

미국 연준이 비둘기파적 성향을 띨 수 있다는 추측이 확산되고 있습니다. 그러나 서머스를 포함한 경제학자들은 그러한 움직임이 다른 글로벌 통화에 대한 미국 달러의 약세로 이어져 수입 가격을 상승시킬 수 있다고 경고합니다. 파괴적인 강달러에서 아주 약간의 금리 기조만 바꿔도 그것은 응축된 에너지가 커서 폭발적일 가능성이 높습니다.

미국 연준에서는 금리 인상으로 인플레이션을 잡겠다는 의도인데, 미국 경제가 서서히 경기하강 국면인 지금 경기 부양을 위해 금리를 내리면 달러는 하락하겠지만 미국 내 인플레이션은 폭발할 것입니다. 그렇게 되면 달러 가치는 어떻게 될까요?

다른 통화가 달러에 대해 상승하기 시작하면 미국 소비자에게 수입품이 갑자기 훨씬 더 비싸질 것입니다. 그것이 의미하는 바는 더 이상 중앙은행이 경기 상승을 위해서 할 수 있는 게 없다는 것입니다. 금리를 강하게 지속 인상하자니 경제가 파괴되고, 금리를 내리자니 인플레이션이 하이퍼인플레이션으로 전환하게 됩니다. 세계 모든 중앙은행이 유사한 상황에 직면했습니다. 이제는 크게 금리를 내리지 못합니다. 인플레이션이 겁나기 때문입니다.

미국뿐 아니라 전 세계에서 장기간 고금리 고물가 저성장이 시작됩니다. 돈의 가치는 시간이 지날수록 하락하고 실업자는 늘어나게 됩니다. 이것이 코인 투자를 해야 하는 핵심적인 이유입니다.

03

무너지는
5대 기축통화

현재 G7의 기축통화들은 모두 기축통화로서 안정적인 모습이 없으며, 불확실성이 하루하루 커지고 있습니다. 그에 따라 아직까지는 주식 시장과 동조화된 가상자산 시장 또한 요동칩니다. 2022년 파운드화가 폭락하던 당시 트러스 총리가 당선 후 물가를 잡겠다고 했지만 오히려 영국 통화 시장은 출렁였고, 연이은 트러스 총리의 사임 소식으로 파운드화는 강세로 전환되어 영국 국채금리는 하락했습니다.

한편, 일본 엔화는 달러 대비 추락을 계속해 32년 만에 최저치를 기록했습니다. 엔화는 달러 대비 150엔을 돌파했지만 투자자들은 일본은행의 적극적인 시장 개입 가능성 때문에 추가 상승에 대한 베팅은 경계하고 있습니다. 일본은 모든 기축통화국 중에서 유일하게 금리 인상을 하지 않은 국가입니다.

러시아-우크라이나 전쟁으로 러시아에 대한 제재와 국제 유통망 파괴로 석유, 가스, 곡물 등의 자원류 가격이 급등하는 가운데 자원류를 수입에 의존하고 있는 일본은 엔화 약세로 인한 고물가를 맞고 있습니다. 미국, 영국, 캐나다의 중앙은행들이 악화되는 인플레이션에 대한 대책으로 금리 인상을 거듭하면서 QT(양적긴축)를 시작했습니다. 미국-영국과는 대조적으로 일본에서는 일본은행이 제로금리 QE(양적완화)의 초완화책을 계속 이어가고 있습니다. 미국과 일본 사이의 금리차가 커질수록 제로금리의 일본에서 고금리의 미국으로 자금이 흘러나가면서 엔화 약세가 가속됩니다.

미국 연방준비은행은 2022년 6월 0.75% 금리 인상, 캐나다 중앙은행은 2022년 9월 7일 0.75% 금리 인상을 결정했습니다. 캐나다는 인플레이션 대책으로 반 년 동안 단기금리를 0.25%에서 3.25%로 올렸고 QT도 진행하고 있습니다. G7 국가 가운데 금리 인상과 QT를 모두 시행하지 않는 나라는 일본이 유일합니다. 그래서 엔화 약세가 급진전된 것입니다.

대미 종속의 일본은 미국 연준의 QE 정책을 따릅니다. 오랫동안 QE를 했던 미국·영국·유럽 중앙은행들의 QT와 금리 인상은 거대한 금융위기를 예고하는 것입니다.

미국과 영국은 인플레이션 대책으로 금리 인상과 QT의 긴축책을 쓰고 있지만, 그와 같은 긴축책으로 인플레이션이 억제되지는 않습니다. 현재 악화되고 있는 인플레이션(코로나로 인한 세계 유통 인프라의 파괴, 러시아-우크라이나 전쟁으로 미국이 러시아를 제재해 발생한 천연자원·곡물 인프라 거래의 붕괴가 원인)는 중앙은행의 QE와 제로금리에 따른 통화의 과잉공급이 그 핵심 원인이 아닙니다.

제롬 파월의 미국 연방준비은행의 금리 인상과 QT로 인플레이션을 절대로 수습할 수는 없습니다. 미국과 영국의 금리 인상과 QT는 실물경제와 금융 시스템을 모두 악화시켜 불황, 실업 급증, 그리고 금융 붕괴를 야기할 것입니다. 달러의 기축통화성이 상실될 정도의 커다란 금융위기와 달러 붕괴가 일어날 것으로 보입니다. 인플레이션은 점점 심해지면서 실물경제의 악화에 박차를 가할 것입니다.

잡히지 않는 인플레이션은 고물가를 더욱 부추기고 인상된 물가는 결국 소비량을 감소시킵니다. 물건값이 너무 가파르게 오르면 당연히 구매자는 고민하며 망설이다가 구매를 다음으로 미루게 됩니다. 이것은 생산량 감소로 이어지고, 이는 다시 지속적인 감원을 야기합니다. 금융위기 대책으로 중앙은행이 유동성 자금을 공급해야 하지만, QE를 끝내고 QT를 시행하는 미국과 영국의 중앙은행이 금융위기가 터진 뒤에 QT를 끝내고 QE를 재개하더라도 때는 늦습니다.

QE를 끝내지 않고 있는 일본은행이 옳습니다. 미국·일본·유럽의 중앙은행들은 이미 10년이 넘도록 QE를 했습니다. 금융위기가 터질 때까지는 길어야 1년 정도입니다. 왜 중앙은행 CBDC를 테스트할까요? 대외적으로는 부인하지만 미국도 민간기업인 액센추어Accenture에 프로젝트를 맡긴 지 수년이 지났습니다. 그들은 중앙은행 명목화폐 시스템의 수명이 다되었다는 사실을 이미 알고 있습니다. 일본은행이 QE와 제로금리를 멈추지 않으면 금리를 올리고 있는 미국으로 자금이 계속 유출되면서 엔화 약세(달러 강세)도 멈추지 않습니다.

일본이 세계에서 수입하는 물자의 가격이 계속 오릅니다. 반대로 일본 제품은 엔화 가치가 낮을 때 오히려 수출은 늘어납니다. 현재 한국보다 일본의 수출량이 많이 늘어난 것은 지속적인 엔저 영향이 매우 큽니다. 그래서 강달러의 장기화는 단기적으로는 달러 패권국인 미국에게 좋겠지만 장기적으로는 자국의 GDP 성장 저해를 초래합니다. 이미 IMF는 예상 자료를 발표했습니다.

일본에서도 인플레이션이 악화될 수 있습니다. 러시아-우크라이나 전쟁으로 자원류의 국제가격이 급등했지만, 일본의 생활물자 가격은 별로 오르지 않았습니다. 전기요금과 가스요금은 오르고 있지만, 마트에서 팔리는 고기나 채소, 쌀 등의 가격은 조금 올랐거나 오르지 않았습니다. (G7 다른 선진국에 비해서는 물가상승률이 낮습니다.) 과자 등의 가격은 좀 올랐지만 미국이나 유럽의 극심한 인플레이션에 비하면 아무것도 아닙니다. 일본에서는 원래 물가가 비싸게 책정되어 있어서 수입 가격의 급등으로 인한 충격을 흡수하고 있습니다. 일본에는 극심한 인플레이션이 오지 않았습니다.

돈을 푼 만큼 인플레이션이 되어야 하는데 그렇지 않다는 것은 무엇을 의미할까요? 중앙은행 통화정책이 통제권을 벗어난 것입니다. 일본이나 인플레이션이 극심한 G7 국가들 모두 중앙은행의 발권력과 통제력 상실을 부인할 수 없습니다. 가상자산에 투자하는 깨어 있는 대중이 많아지면 많아질수록 그들은 더 이상 본인들의 체제 유지를 위해서 숫자로 조작된 진실을 숨길 수 없을 것입니다.

하지만 금리만으로 인플레이션을 통제하기는 점점 더 어려워지고 있습니다. 그 이유는 여러 가지가 있는데, 그중에서 2가지 중요한 요인인 브릭스와 기상이변을 살펴보겠습니다.

브릭스는 브라질, 러시아, 인도, 중국, 남아프리카공화국이 포함된 경제 협력 단체입니다. 이 나라들은 세계 경제에서 중요한 역할을 하고 있습니다. 브릭스에 속한 나라들이 경제적으로 협력하면서 서로의 경제에 큰 영향을 미칠 수 있습니다. 예를 들어, 중국에서 생산된 제품의 가격이 오르면 전 세계적으로 물가가 오를 수 있습니다. 이런 상황에서는 금리를 올린다고 해도 외부 요인으로 인해 물가가 쉽게 안정되지 않을 수 있습니다.

기상이변은 날씨가 평소와 다르게 변하는 현상을 말합니다. 대표적인 예로 엘니뇨와 라니냐가 있습니다. 엘니뇨는 태평양의 수온이 평소보다 높아지는 현상이고, 라니냐는 그 반대로 수온이 낮아지는 현상입니다. 이 두 현상은 전 세계의 날씨에 큰 영향을 미칠 수 있습니다. 예를 들어, 엘니뇨가 발생하면 농작물 생산이 줄어들어 식량 가격이 오를 수 있습니다. 이런 식으로 기상이변이 일어나면 금리를 올리거나 내려도 물가를 안정시키기 어려워집니다.

브릭스와 같은 국제 경제 협력 단체의 영향과 엘니뇨, 라니냐 같은 기상이변은 물가에 큰 영향을 미치기 때문에 금리만으로는 인플레이션을 통제하는 것이 어렵다는 것입니다. 이러한 외부 요인들은 금리 조정만으로는 쉽게 해결되지 않아서 더 복잡한 경제 정책이 필요합니다.

트럼프 대통령은 재임 중 여러 나라, 특히 중국에 높은 관세를 부과했습니다. 높은 관세는 외국 상품의 가격을 올려서 미국 내 상품과 서비스 가격에도 영향을 미칠 수 있습니다. 이것을 금리와 인플레이션 관점에서 설명해 보겠습니다.

가상 시나리오 : 미국 내 상황

:

금리 인상

미국 정부가 인플레이션을 억제하려고 금리를 올리면 중국에서 수입되는 전자제품에 높은 관세가 부과되어 가격이 오르게 됩니다. 소비자들은 비싼 전자제품을 사게 되고, 물가는 계속 오르게 됩니다. 금리를 올렸지만 관세로 인해 물가가 오르니 인플레이션 통제가 어려워집니다.

금리 인하

경제 성장을 촉진하려고 금리를 낮추면 사람들은 더 많은 돈을 빌려서 소비와 투자를 늘리게 됩니다. 하지만 관세로 인해 외국 상품의 가격이 이미 올라 있어서 물가가 오르는 속도는 더 빨라집니다. 금리를 낮춰도 관세 때문에 물가가 안정되지 않습니다.

가상 시나리오 : 미국 밖 상황

:

중국의 반응

중국은 미국의 관세에 대응해 미국 상품에 높은 관세를 부과하게 됩니다. 미국의 농산물, 자동차 등의 가격이 중국에서 올라가고, 중국 소비자들이 미국 상품을 덜 사게 됩니다. 미국 기업들은 수출이 줄어들어 수익이 감소하고, 이는 미국 경제에 부정적인 영향을 줍니다.

세계 무역의 영향

다른 나라들도 무역 갈등에 휘말려서 관세를 올리거나 내리게 됩니다. 글로벌 공급망이 복잡해지고 물가가 불안정해집니다. 금리 정책으로 인플레이션을 통제하기 더 어려워집니다.

금리 인상이나 인하만으로 인플레이션을 통제하기 힘든 이유는 관세 인상과 같은 외부 요인이 물가에 큰 영향을 미치기 때문입니다. 관세 인상은 수입 제품의 가격을 올려서 물가를 불안정하게 만들고, 이는 금리 정책의 효과를 제한하게 됩니다. 미국 내에서는 소비자 가격이 오르고, 미국 밖에서는 무역 갈등으로 인해 경제적 불확실성이 커지면서 전 세계적으로 인플레이션 통제가 어려워집니다.

04

BTC가 기축통화가 되고
ETH와 알트코인이 폭등한다

세계 경제 흐름과 미래를 이해하기 위해서는 현재 우리가 쓰고 있는 달러 등 명목화폐의 역사와 현 상황 그리고 가상자산과 관련해서 알아야 합니다.

1980년대부터 미국, 영국을 중심으로 세계에 자금을 대량 공급해온 채권 시스템은 파멸이 가깝습니다. 이 시스템은 1972년 닉슨 쇼크(금 달러 교환 정지)에 의한 금 본위제의 붕괴 후 상황을 이용하여 구축되어 1980~90년대에 개화, 확대됐고 지금까지 버블을 진행 중입니다. 그동안은 미국, 유럽, 일본 중앙은행들이 조폐한 자금으로 채권을 매입하는 QE(양적완화)를 시작해 파탄이 난 채권 시스템을 소생한 듯 보이게 연명시켰습니다. 이 연명 체제는 현재까지 계속되고 있지만 끝이 보입니다.

미국, 영국, 중국 중앙은행은 코로나19로 무너진 경제를 재건하기 위해 QE를 대팽창시켰습니다. 미국, 캐나다 금융당국에서는 코로나19 위기가 일단락되면 QE로 늘린 중앙은행의 자산 총액을 취소(QE를 그만두고 QT를 진행한다)한다는 약속이 있었는지, 2021년 후반부터 QE 정지, QT(양적긴축) 개시 요구가 강해졌습니다(QT는 현재 진행형). 코로나19로 인한 도시 폐쇄 등에 의해 미국·유럽에서는 유통망이 막히고, 2021년 봄부터 인플레이션이 심해졌습니다. 미국 정계 등에서는 QE가 인플레이션을 심하게 하고 있다는 (잘못된) 비판이 퍼졌습니다. 사실 그 중심에는 유동성 공급이 아닌 러시아-우크라이나 전쟁과 중국의 코로나19 봉쇄가 있었습니다. 만약 과잉 유동성이 문제의 본질이었다면 인플레이션은 벌써 사그라졌어야 논리가 맞습니다.

더불어 2022년 2월부터 시작된 러시아-우크라이나 전쟁에서 대러시아 제재가 대실패해 미국, 유럽의 인플레이션이 가속화됐습니다. 특히 영국과 유로존의 인플레이션이 심각합니다. 리먼 위기 이후 채권 시스템의 연명책을 막아내고 인플레이션이 격화한 최근 들어 시스템이 재붕괴되는 느낌이 전해집니다.

　제2차 세계대전 전후의 미 패권은 영국 권력부 흑막이며, 영국 권력부는 냉전까지 일으켜 미 패권을 무리하게 미국·영국 취향의 형태(미국 취향의 다극형이 아니고 미국·영국 중심 체제)로 했습니다.

채권 금융 시스템 원리

⋮

금-달러 교환 정지는 달러의 금지금 속박을 풀어 자유롭게 달러와 채권을 과잉 발행할 수 있는 신체제를 탄생시켰습니다. 일본, 독일 등 세계 대부분은 미국의 패권 붕괴를 바라지 않고 닉슨 쇼크에서 달러가 붕괴된 뒤에도 계속 미국에 종속한 경제 거래를 원했습니다. 이러한 세계의 수요를 살려 미국 금융계와 영국 첩보계는 미국이 달러와 채권을 과잉 발행해 일본, 독일 등 세계에서 계속 사게 하는 신체제를 만들어 냈습니다. 세계가 채권을 사 주기 때문에 미국과 영국은 모든 것(쓰레기 자산 등)을 담보로 채권의 종류와 발행 총액을 급증했습니다.

　쓰레기 자산이나 성그기업의 채권이 붕괴될 것 같으면 금융계가 자금을 공급하여 금리 상승과 신용 실추를 방지해 금리 전체를 계속 낮은 상태로 유지했습니다. 저금리(리스크 프리미엄이 낮은 상태)가 이어지는 한 쓰레기 자산을 담보로 채권을 발행해 자금을 늘리는 연금술적인 체제가 가능했습니다. 이것이 채권 금융 시스템의 핵심이었습니다.

G7의 탄생과 미래

:

1970년대까지 재정 파탄 상태였던 영국은 미국과 함께 채권 금융 시스템을 확대함으로써 경제 재건과 패권의 재획득을 모두 실현했습니다.

G7은 대미 종속을 견지하고 싶은 일본, 독일 등이 채권 매입 지원과 시장 개입으로 채권 금융 시스템에 의해 패권을 소생한 미국과 영국을 지원하기 위해 만들었습니다. 미국과 영국이 채권 금융 시스템을 공식화한 1985년에 미 패권의 소생이 정식으로 시작되었습니다. 이후 아시아 등 신흥시장과 개발도상국가들에게 채권 금융 시스템을 확대하려는 움직임이 있었습니다.

하지만 이는 1997년 아시아의 통화 위기 등으로 저지됐습니다. 채권 금융 시스템은 원래 미·영 패권의 소생을 위해 만들어진 것인데, 아시아 등(지금 브릭스 국가)으로 옮겨 가면서 중국 등이 힘을 쏟아 미·영 패권이 무너지고 세계가 다극화된 것입니다.

미국을 지켜 준 일본의 자폭

:

미·영 패권주의자들은 이를 막기 위해 1990년대에 아시아와 중남미에서 금융위기를 일으켰습니다. 일본의 상층부는 대미 종속을 좋아하고 그만두고 싶지 않았기 때문에 자국이 채권 금융 시스템을 가지지 않을 목적으로 1990년대에 버블 붕괴를 일으켜 금융적으로 자멸했습니다.

일본은 이후 '잃어버린 20년'을 연출해 자국의 발전을 스스로 저지해 대미 종속에 안주했습니다. 리먼 위기 이후 미국 금융계가 전면 붕괴를 일단 인정하고 시간이 지남에 따라 축소 재균형을 시도했다면 리스크 프리미엄이 다시 저하되어 채권 금융 시스템의 연금술이 소생했을지도 모릅니다.

금리를 인위적으로 인하하는 QE(양적완화)가 이뤄졌습니다. 금리는 제로나 마이너스가 되었지만 금융 시스템은 자연스러운 수급 관계가 영구적으로 돌아오지 않고, QE라고 하는 생명 유지 장치에 의해 형태만 살아 있는 식물인간 상태(현재 화폐 시스템)가 되었습니다.

미 패권을 자멸시킨 이라크나 아프가니스탄의 늪지대 군사 점령이나, 시리아 내전을 통한 중동 패권의 이전, 도널드 트럼프의 흥망(미 중간선거의 부정) 등을 보면 알 수 있듯이 미국 상층부에서는 미·영 패권주의 세력과 다극화 세력이 계속 암투하고 있습니다.

이 암투는 경제금융 부문에서도 진행되고 있습니다. 파산시킬 이유가 없던 리먼 브라더스를 도산시켜 금융위기를 격화한 것이 그 예입니다. 왜 FTX 파산이 떠오를까요?

리먼 위기 이후 미국 금융 시스템(금융 패권)이 QE 돈풀기에 중독돼 식물인간이 된 것을 보고 다극화 세력은 이를 방치하면 어느새 QE가 한계에 이르고 금융 패권이 재붕괴될 것이라고 생각했을 것입니다. 하지만 10년이 지나도 금융 재붕괴는 일어나지 않았습니다. 10년간의 QE는 미국 연방준비은행의 자산 총액을 10배로 늘렸습니다.

중요 인플레이션을 일으킨 배후 세력

:

금융 재붕괴를 막기 위해 다극화 세력은 지난 몇 년간 여러 가지 정책을 펴고 있습니다. 우선 2020년에 시작된 코로나19 위기로 행해진 도시 폐쇄에 의한 경제정지의 구멍을 메우기 위해 미국, 영국 등의 중앙은행은 QE를 대폭 증액시켰습니다. 그때까지 QE에 소극적이었던 영국이나 캐나다 중앙은행도 코로나19 개시 후 QE를 급증했습니다. 그리고 코로나19로 인한 패쇄 정책으로 경제가 정지한 상태를 이용하여 미국 권력부의 다극파가 산하의 좌익노조 등을 움직여 미국 등에서 국제유통망의 병목을 일으켜 2021년 봄에 인플레이션을 악화시켰습니다.

또한 우크라이나 정부가 국내 러시아계 주민에 대한 공격을 강화함으로써 러시아의 반격을 유발하여 2022년 2월부터 러시아-우크라이나 전쟁이 일어났습니다. 이로 인해 미국과 유럽이 러시아로부터의 석유, 가스 자원류의 수입을 엄금하는 대러 제재의 구조를 만들어 미국과 유럽의 인플레이션과 물 부족을 격화시켰습니다. 이러한 구도 위에 미국 정계에서는 미국 연방준비은행에 대한 인플레이션 대책으로 QE를 그만두고 QT 긴축재정을 시작해 금리 인상을 하라는 압력을 강하게 넣었습니다.

미국 연방준비은행은 QT와 금리 인상을 계속하고 있습니다. 인플레이션은 아직 끝나지 않고 QT와 금리 인상도 이어지고 있습니다. 채권 금융 시스템의 유지에는 금리 전체가 낮은 상태를 만들어야 하며, QT와 금리 인상의 장기화는 시스템의 파괴를 일으킵니다.

금융업의 멸망과 반도체 산업

⋮

러시아-우크라이나 전쟁에서 만들어진 미국 측 금융 엘리트와 반미 측인 중국·러시아의 현물제조업과 실물경제와의 대결은 현재 진행 중인 미국 측의 금융붕괴에 의해 반미 측이 이기게 될 것입니다. 손정의는 이 흐름을 읽고 주력하는 곳을 금융업에서 반도체 제조업으로 옮길 것이라고 선언했습니다.

금융 시장은 아직 결정적으로 붕괴되지는 않았습니다. 대붕괴 직전의 상태로 정지되어 있습니다. 장기 미국채의 금리가 5%를 크게 넘고 정크채의 금리가 10%를 크게 넘어 상승해 나가면, 금리가 고정되어 불가역적인 대붕괴를 일으켜 채권 금융 시스템과 미국의 금융 패권이 끝나게 됩니다.

앞으로 언제 대붕괴가 일어날지는 모르지만 대붕괴가 일어나지 않고 금융 시스템이 소생해 나가는 일은 없습니다. 와야 할 대붕괴는 다극화 세력이 의도적으로 일으키려고 했던 움직임입니다. 이들은 미 패권을 붕괴시켜 패권 구조를 다극형으로 전환하는 목적을 달성할 때까지 획책을 계속할 것입니다. 코로나 봉쇄론과 러시아-우크라이나 전쟁으로 인한 반미 측의 부상 등을 보면 다극파의 목적이 달성되고 있는 것을 알 수 있습니다.

금융 시스템 주변부는 이미 붕괴되고 있습니다. 예를 들어 최근 전통 공중파 미디어는 가상자산이 FTX 파산으로 대폭 하락해 향후 더욱 떨어질 것으로 예측합니다. 가상자산은 달러 등 정부 관리 통화에 대항하는 정부가 개입할 수 없는 통화입니다. 달러의 기축성과 패권이 떨어질수록 가상화폐의 가치가 늘어날 것입니다.

그러나 BTC 및 CBDC는 이미 중앙정부가 깊숙이 개입된 탈중앙화 껍데기를 쓴 중앙집권화의 연장선입니다. 굳건한 금융의 대붕괴가 일어나 채권 금융 시스템이 비가역적으로 무너지면 BTC를 기축으로 한 가상자산 시스템이 금융의 중심이 될 것입니다. BTC 가치 상승을 중심으로 알트코인 등이 4차 산업혁명 금융의 중심에서 투자자와 정부에 새로운 가치 창출을 해 줄 것입니다.

05

가상자산 시장은
세계 정부의 마지막 선택이다

인구 감소가 실물경제와 주식 시장에 미치는 영향

인구 감소는 경제 전반에 걸쳐 심각한 영향을 미칠 수 있습니다. 인구가 줄어들면 노동력도 감소하게 되어 생산성이 저하되고 경제 성장이 둔화될 수 있습니다. 예를 들어, 고령화로 인해 노동인구가 줄어들면 사회적 부양 부담이 커지고, 이는 정부 재정에 압박을 가하게 됩니다. 스탠퍼드대학교의 연구에 따르면, 출산율이 회복되지 않으면 장기적으로 경제 성장이 지속되기 어려울 수 있습니다.

주식 시장의 변화

주식 시장에서도 인구 감소는 중요한 변수로 작용합니다. 인구 감소로 인해 소비자 수요가 줄어들고, 이는 기업의 수익성에 영향을 미쳐

주가 하락으로 이어질 수 있습니다. 특히 노동력 부족으로 인한 생산 비용 증가와 경제 성장 둔화는 주식 시장의 전반적인 불확실성을 증가시킵니다. 또한 투자자들은 인구 구조 변화에 따라 투자 전략을 조정할 필요가 있습니다.

확장하는 가상자산 시장

디지털 자산 시장은 빠르게 성장하고 있습니다. 블록체인 기술과 암호화폐는 새로운 금융 시스템을 형성하며 전통적인 금융 시장을 보완하고 있습니다. 예를 들어, 분산 금융DeFi은 스마트 계약을 통해 금융 거래를 자동화하고, 이는 기존 금융 시스템보다 효율적이고 투명한 거래를 가능하게 합니다.

디지털 경제의 부상

디지털 경제의 성장은 다양한 산업에 걸쳐 큰 변화를 일으키고 있습니다. 디지털 기술은 생산성을 크게 향상시키며, 2030년까지 전 세계 GDP의 25%를 차지할 것으로 예상됩니다. 이와 같은 디지털화는 기존 산업을 재편하고 새로운 가치 창출의 기회를 제공합니다.

인구 감소는 실물경제와 주식 시장에 부정적인 영향을 미치지만, 디지털 자산 시장의 성장은 새로운 기회를 제공하고 있습니다. 기업과 투자자들은 이러한 변화를 이해하고 적절한 전략을 마련함으로써 새로운 경제 환경에 적응해야 할 것입니다. 정부 역시 디지털 경제의 성장을 촉진하고 인구 감소에 대응하기 위한 정책을 마련할 것으로 예상됩니다.

가상자산 시장을 수용할 때 얻을 수 있는 가치

중앙정부가 가상자산 시장을 수용하고 관련 세제개혁을 실시하면 세수 확대, 투명성 강화, 디지털 경제 활성화, 정책 도구로서의 활용, 국제적 경쟁력 강화 등 다양한 장기적 가치를 가져올 수 있습니다. 이러한 변화는 국가 경제의 지속가능한 발전과 안정성에 크게 기여할 것입니다.

세수 확대

가상자산 시장을 공식적으로 인정하고 규제하면, 정부는 새로운 세원稅源을 확보할 수 있습니다. 가상자산 거래와 보유에 대해 과세를 도입함으로써 세수 확대가 가능해집니다. 예를 들어, 암호화폐 거래에 대한 자본이득세, 거래세 또는 소득세를 부과할 수 있습니다. 이는 기존 세금 제도의 기반을 강화하고 국가 재정을 확충하는 데 기여할 것입니다.

투명성 및 탈세 방지

가상자산 시장을 규제하면 자산의 이동과 거래를 투명하게 감시할 수 있습니다. 이는 탈세 및 자금 세탁 방지에 효과적입니다. 블록체인 기술을 활용하여 모든 거래를 기록하고 추적할 수 있기 때문에 불법적인 금융 활동을 차단하고 합법적인 거래를 촉진할 수 있습니다. 이를 통해 중앙정부는 세금 징수의 투명성과 공정성을 높일 수 있습니다.

디지털 경제 활성화

가상자산 시장을 수용하면 디지털 경제를 활성화하고 혁신을 촉진할 수 있습니다. 디지털 경제의 성장은 새로운 산업과 일자리를 창출하며, 이는 장기적으로 경제 성장을 촉진할 수 있습니다. 또한 디지털 자산을 이용한 결제 시스템은 거래의 효율성을 높이고, 국제 거래에서도 유리한 점을 제공합니다.

정책 도구로서의 활용

가상자산과 블록체인 기술은 정부가 보다 효과적인 정책 도구로 활용할 수 있는 잠재력을 가지고 있습니다. 예를 들어, 중앙은행 디지털 화폐CBDC는 통화 정책의 효율성을 높이고 금융 시스템의 안정성을 강화할 수 있습니다. 이는 금융 시장의 변동성에 대응하고, 경제 위기 시 보다 신속하고 효과적인 정책 대응을 가능하게 합니다.

국제적 경쟁력 강화

가상자산 시장을 적극적으로 수용하고 규제하는 국가는 글로벌 금융 시장에서 경쟁력을 강화할 수 있습니다. 특히 금융 기술(핀테크) 분야에서 리더십을 확보하게 되며, 이는 외국인 투자를 유치하고 국내 금융 산업의 발전을 촉진합니다.

06

빅테크 기업이
중앙은행을 대신한다

우리가 투자한 가상자산과 무슨 관련 있을까?

현재 전 세계 화폐 시스템은 각국의 중앙은행에서 발행하는 통화량 조절로 경제를 통제하지만 미래는 정부가 관할하는 빅테크 SNS 플랫폼 기업이 발행하는 CBDC로 이전될 가능성이 높습니다. 이는 중앙정부 공권력의 확장을 뜻합니다.

실례로 한국은 카카오·네이버, 중국은 텐센트·알리바바, 미국은 구글·애플·테슬라(트위터 인수)·메타 등이 정부를 등에 업고 중앙은행 역할을 할 것으로 예상됩니다. 중국은 이미 알리페이·위챗페이를 이용해서 CBDC를 민간에 유통하고 있습니다. 이것은 우리가 투자하고 있는 BTC, ETH, XRP 등 가상자산과 분명 연관되어 있습니다.

많은 투자자는 여전히 우리가 1970년대부터 2020년까지 있었던

금융 시스템 아래 있다고 착각하지만 미래는 그렇지 않습니다. 코로나19로 상황이 바뀌었고 G7을 위시한 대부분의 선진국 경제가 근본적인 변화를 겪고 있는 지금은 지난 50년과는 사뭇 다른 패턴으로 향할 가능성이 높습니다.

현재 인플레이션의 본질은 구조적이며 순환적이지 않습니다. 세계 유통망과 공급망은 파괴되고 에너지의 흐름은 정체됐습니다. 그리고 대부분의 서구 경제 내부에서 근본적인 변화가 일어나고 있습니다. 세계무역망은 재편되고 미국은 내수정책을 강화하고 있습니다. 전 세계에 달러 공급을 줄이겠다는 의지가 정책에 보입니다. 중국과의 거래량도 줄어듭니다.

오랫동안 우리는 경제가 자유 시장에 의해 인도된다는 생각에 익숙해져 있었습니다. 그러나 지금 우리는 자원 할당의 상당 부분이 더 이상 시장에 맡겨지지 않는 시스템으로 이동하는 과정에 있습니다.

미국의 총 민간 및 공공 부문 부채는 GDP의 290%입니다. 프랑스

는 무려 371%, 일본을 포함한 다른 많은 서구 경제에서는 250% 이상
입니다. 2008년의 대공황은 이미 이 수준의 부채가 너무 높다는 것을
분명히 했습니다. 그래서 현재 5대 기축통화는 금리를 급격히 올리
기도, 급격히 내리기도 어려운 상황입니다.

2008년 세계 경제는 디플레이션 부채 청산 직전에 이르렀고 전체
시스템이 붕괴될 위험이 있었습니다. 이럴 경우 GDP에 대한 민간 및
공공 부채 수준을 낮추어야 하는데, 가장 쉬운 방법은 명목 GDP 성
장률을 높이는 것입니다. 그것이 제2차 세계대전 이후 수십 년 동안
행해진 전통 금융 방식이었습니다.

현재는 화폐 창출을 통제할 수 있는 권한이 중앙은행에서 각국 중
앙정부로 이동했습니다. 코로나19 동안 은행 신용에 대한 국가 보증
을 발행함으로써 정부는 자금 창출을 통제하는 수단을 효과적으로
시스템화했습니다. 이것은 코로나19로 인한 피해와 러시아-우크라
이나 전쟁으로 인한 에너지 상승 위기 관리 정책으로 포장되었는데,

향후 기본소득제로 탈바꿈될 가능성이 농후합니다. (한국에 국한된 정책이 아닐 가능성이 높습니다.)

코로나19가 터지고 몇 개월 지난 2020년 2월 이후 각국 정부는 유럽연합 내 기업에 대해 은행 대출을 보장해 주었습니다. 독일은 모든 신규 대출 중 40%, 프랑스는 모든 신규 대출의 70%, 이탈리아는 100% 이상 등 오래된 만기 신용을 정부가 보증하는 새로운 제도로 바꾸었습니다.

최근 독일은 에너지 위기의 영향을 커버하기 위해 거대한 새로운 보증 계획을 내놓았습니다. 이제 더 많은 정부 부채를 발행할 필요가 없으며 세금을 인상할 필요도 없습니다. 그리고 정부는 신용 증가를 통제함으로써 경제를 통제하고 조종할 수 있는 쉬운 방법을 얻었습니다. 은행이 아닌 정부가 개인의 신용과 부채를 관리하는 시대로 접어들었습니다.

미국 연준은 금리 인상으로 인플레이션 2%를 목표로 하지만 2024년까지 인플레이션이 4~6%로 유지될 가능성이 높습니다. 우리는 고금리, 고인플레이션, 저성장 3가지와 생존하기 위해서 싸워야 합니다. 지속적인 고물가는 저축인과 노인의 돈을 천천히 훔치는 것과 같습니다. 고통이 두드러지지 않도록 천천히 작동됩니다.

인플레이션이 과거에 설정한 2% 목표보다 더 높은 수준에서 허용되어야 한다고 주장하는 경제학자와 중앙은행들이 있습니다. 우리의 기준은 올라가고 있는데, 중앙은행들은 인플레이션에 맞서 싸울 때 매우 매파적이 됩니다.

오늘날 중앙은행의 매파적인 방향과 정부의 행동 사이에는 단절이 있습니다. 통화 정책은 제동을 걸고자 하는 반면, 재정 정책은 막대한 지불금을 통해 물가 상승의 영향을 완화하려고 합니다. 예를 들어, 독일 정부가 에너지 가격 상승으로부터 가계와 산업을 보호하기 위해 2,000억 유로 계획을 도입했을 때 ECB는 통화 정책을 억제하려는 동시에 재정 부양책을 마련했습니다. 이러한 상황은 프랑스, 일본도 마찬가지입니다.

지난 40년 동안 우리의 경제 시스템은 신용의 성장에 따라서 광범위한 화폐가 이자율로 통제되고, 중앙은행이 이자율을 통제한다는 가정하에 구축되었습니다. 그러나 이제 정부가 대출을 보증하는 은행 시스템을 통해 민간 신용 창출을 통제하면 중앙은행은 역할에서 밀려납니다. 영국과 일본은 이미 정부의 재정적 통제길을 잘 가고 있으며, 이는 향후 미국에서도 일어날 것입니다. 이것이 바로 달러가 급격하게 상승하는 이유입니다.

투자 자금은 현재 유럽과 일본에서 미국으로 이동하고 있습니다. 미국에도 극한 지점이 2023년에 도달할 가능성이 높습니다. 채권 수익률 수준이 그 증거입니다. 미국이 감당할 수 없는 수준의 채권 수익률입니다.

프랑스의 민간 부문 부채 상환 비율은 20%이고, 벨기에와 네덜란드는 훨씬 더 높습니다. 독일은 11%, 미국은 약 13%입니다. 금리 인상으로 심각한 고통이 닥칠 때까지는 그리 오래 걸리지 않을 것입니다.

빅테크 기업의 금융업 진출

⋮

빅테크 기업들은 이미 엄청난 사용자 기반과 기술력을 바탕으로 금융업 진출을 가속화하고 있습니다. 대표적인 기업은 다음과 같습니다.

애플Apple

애플은 애플페이와 애플카드를 통해 금융 서비스에 진출하였습니다. 애플페이는 사용자들이 스마트폰을 통해 간편하게 결제할 수 있도록 하며, 애플카드는 골드만삭스와 제휴하여 발행한 신용카드로 다양한 혜택과 보안 기능을 제공합니다.

구글Google

구글은 구글페이를 통해 결제 서비스 시장에 진입하였으며, 최근에는 구글플렉스라는 온라인 뱅킹 서비스를 출시하였습니다. 이는 기존의 은행과 협력하여 더 나은 사용자 경험을 제공하는 것을 목표로 합니다.

아마존Amazon

아마존은 아마존페이와 아마존렌딩을 통해 소상공인들에게 대출을 제공하고 있으며, 이를 통해 금융 서비스 시장에서의 입지를 다지고 있습니다.

페이스북Facebook

페이스북은 리브라 프로젝트(현재 Diem)를 통해 디지털 통화를 도입하려 하였으며, 페이스북페이를 통해 결제 서비스도 제공하고 있습니다.

가상자산 시장의 확장

가상자산, 특히 비트코인과 이더리움 같은 암호화폐는 금융 시장에서 중요한 자산 클래스로 자리 잡고 있습니다. 이러한 확장은 여러 요소에 의해 이루어지고 있습니다.

제도적 수용 증가

최근 많은 국가에서 가상자산에 대한 규제와 법적 지위를 명확히 하면서 제도권 금융기관들도 가상자산을 투자 자산으로 인정하고 있습니다.

기술적 발전

블록체인 기술의 발전은 가상자산의 거래를 더 안전하고 효율적으로 만들고 있습니다. 스마트 계약Smart Contract과 같은 혁신적인 기술은 금융 거래를 자동화하고 투명성을 높이고 있습니다.

디파이DeFi의 성장

탈중앙화 금융DeFi은 중개자 없이 금융 서비스를 제공할 수 있는 플랫폼을 만들어 내면서 빠르게 성장하고 있습니다. 이는 대출, 차입, 스테이킹 등의 금융 서비스를 탈중앙화된 방식으로 제공합니다.

대기업의 참여

페이팔, 마이크로스트래티지, 테슬라와 같은 대기업이 가상자산을 구매하고 이를 결제 수단으로 채택하면서 시장의 신뢰도가 증가하고 있습니다.

전통 금융의 미래

전통 금융기관들은 이러한 변화에 대응하기 위해 여러 가지 전략을 채택하고 있습니다.

디지털 전환

은행과 금융기관들은 디지털 전환을 가속화하고 있습니다. 이는 모바일 뱅킹, 온라인 서비스, 인공지능AI을 통한 맞춤형 금융 서비스 제공 등을 포함합니다.

07

세계중앙정부가 코인 채굴을
공식적으로 산업화한다

현재는 화석연료 중심의 내연기관이 압도적이지만 앞으로는 전기차가 더 많아지고 내연기관은 서서히 축소될 것으로 보입니다. 전기요금은 향후 많이 상승할 것인데, 그 중심에 세계중앙정부의 세수 창출이 있기 때문입니다.

2023년까지만 해도 미디어를 통해서 코인 채굴이 탄소를 많이 증가시켜서 환경오염을 증가시킨다는 바보 같은 뉴스들을 간간이 볼 수 있었습니다. 산업혁명 이래로 물리적 산업의 확장은 지금까지 전 세계 인구의 폭발적인 증가와 화석연료를 베이스로 성장했습니다. 하지만 3차산업의 종말, 즉 물리적 성장의 근간인 인구 증가는 정점에 달해 이제는 인구 감소와 고령화를 걱정할 판국입니다. 모든 산업의 유형적인 물리적 확장도 정점을 찍었는데 어떻게 화석연료 산업은 번창하겠습니까? 화석연료 소비도 감소할 것이 자명합니다.

예를 들어 보겠습니다. 전기차가 기름차보다 여러 면에서 뛰어난데 왜 활성화되지 않는 걸까요? 그 이유는 전기차 충전소가 많이 없기 때문입니다.

먼저 주유소 세금 체계를 알아보겠습니다. 대략적으로 볼 때 우리나라 인구는 5,100만 명, 차량등록은 2,000만 대로 두 집에 차 1대 정도입니다. 어마어마한 수치입니다. 휘발유 판매가가 리터당 1,500원이라면 국내로 들어오는 원가는 300원입니다. 정유사 마진이 225원, 세금이 750원, 대리점 마진이 1~1.3%로 대략 19~20원, 주유소 마진이 75원입니다. 그리고 업체마다 부가세 포함한 세금이 10%입니다. 총 세금이 대략 63%, 그러니까 리터당 1,500원일 때 945원이 세금입니다.

사실 전국 휴게소에 전기차 충전소를 설치하는 게 뭐가 어렵겠습니까? 정부에서 세수 확보하기 좋은 황금알을 낳는 거위를 죽이지 않

기 위해 적극적으로 전기차 충전소를 설치하지 않는 것입니다.

그러나 시대흐름은 변곡점에 다다랐고, 중앙정부는 전기차 전기요금을 서서히 인상하기 시작했습니다. 전기차 충전소도 여기저기 들어서고 있습니다. 서서히 진행되겠지만 커다란 흐름을 중앙정부도 인식했고, 정책화하는 것입니다.

전기차를 예시한 것은 채굴코인 BTC를 대표로 한 PoW 코인들의 중요성을 역설하기 위해서입니다. 아주 간단한 논리가 적용됩니다. 전기를 주 에너지원으로 사용하는 채굴 산업은 원가에 인상된 전기요금이 반영될 것이고, 이는 PoW 코인 가격에 바로 반영될 것입니다. 게다가 특정 채굴 코인들은 4년에 한 번씩 반감기가 적용됩니다. 50%씩 채굴량이 감소합니다.

아직까지는 현물경제가 축소한다 하더라도 G7과 브릭스의 경쟁하에 에너지 패권은 브릭스가 쥐고 있습니다(OPEC가 달러 결제를 버리고 위안과 브릭스 통화로 돌아섬). 그래서 에너지의 무기화를 선언하게 된다면 (산유량을 줄이는) 화석연료는 장기간 상승할 가능성이 농후합니다. 그에 따라 채굴 중심 PoW 코인들도 지속적 상승이 예상됩니다.

PART 5

진짜 세력은 존재할까?

CRYPTO SIGNAL

01

비트코인과 가상자산들이
5대 기축통화를 대체할 수 있을까?

2025년 4월까지 비트코인은 2억 원 이상 갈 수 있을까요? 사람들이 믿지 않는 비트코인과 가상자산이 달러 포함 5대 기축통화를 대체할 수 있을까요? 새로운 화폐개혁이 일어날까요?

2억 원이라는 돈은 현실세상에서 절대 적은 돈이 아닙니다. 그런데 어떻게 비트코인이 그 가격이 될 수 있을까요? 과연 실현 가능할까요? 반문하는 사람이 많을 것입니다.

3단뛰기 육상선수가 18m를 뛰기 위해서는 여러 가지 요소가 필요합니다. 강한 점프를 위한 도움닫기(전력질주)와 밸런스가 맞춰진 점프가 중요합니다.

다가오는 비트코인 ETF 승인과 BTC 반감기는 이미 가는 방향을 정해 놓고 중간중간에 가격 급등락으로 쇼를 합니다. 긍정과 부정을 섞어 가면서 극적인 드라마를 연출합니다. 개미들은 우왕좌왕 여러 가지 복잡한 시나리오를 생각하게 됩니다. 그렇게 전 세계 인류를 기만합니다.

누군가는 비트코인 ETF 승인 후 다가올 반감기 상승을 조롱하며 여러 가지 부정적인 가설을 내놓지만 비트코인은 가산자산의 시조이며 왕입니다. 그리고 긴 세월 동안 가격상승으로 존재 가치를 증명했습니다. 물론 반감기가 오더라도 대중이 생각하는 반감기 효과가 반감기 시작 날짜보다 상당히 후행해서 발생될 가능성이 농후합니다.

세력은 항상 대중심리를 역이용합니다. 지금 매스미디어에서는 레거시 금융세력들도 마치 약속이나 한 듯이 조용히 가상자산의 제도권 수용을 종용합니다. 그렇다면 명목화폐의 최종 실패로 인한 하이퍼인플레이션으로 인한 경기 침체에서 주식 시장과 부동산 시장은 온전할까요?

아직도 가상자산에 관심을 갖거나 투자하는 크립토 월드(가상자산 투자 생태계) 밖에 있는 사람들은 가상자산 시장을 의심의 눈초리로 바라보며, 오래전에 있었던 네덜란드의 튤립 가격 거품 히스토리를 예시로 들며 전자화폐거품론을 제기하고 있습니다. 이는 제 시선에서 바라보면 어이가 없습니다.

결국 실패해서 0원으로 수렴한다고?

한 번 추락한 이미지를 되돌리기는 어렵습니다. 이더리움도, 전 세계 CBDC를 통합하는 XRP 등 코인들도 색안경을 쓰고 부정적인 시각으로 볼 가능성이 농후합니다. 18m 높이뛰기로 비유하자면 여기까지가 두 번 점프한 상태인 12m 지점입니다. 그럼 마지막에 가장 중요한 6m는 무엇으로 채워서 안전하게 착지하겠습니까? 즉 한화 2억 원을 돌파하겠습니까?

그것은 2025년 초에 전 세계에서 동시다발적으로 시행될 바젤 3

바젤 3(Basel III)

바젤 3는 국제결제은행Bank for International Settlements(BIS) 산하 바젤은행감독위원회Basel Committee on Banking Supervision(BCBS)가 2008년 글로벌 금융위기를 계기로 세계 은행자본을 건전화함으로써 대형 은행의 위기 시 손실흡수능력을 강화하기 위해 2010년 9월에 발표한 세계 은행자본 규제기준을 말한다.

주요 내용은 은행의 위험자산기준을 변경하고 위험자산비율을 하향 조정하게 하며, 은행이 위기 시 손실흡수능력을 제고하기 위해 가계대출을 줄이고 대신 기업대출을 증가시키는 것을 유도하는 것이다.

2004년 바젤 2가 발표된 지 6년 만의 개정안이며, 한국에는 2013년 12월부터 단계적으로 도입했다.

2017년 12월 바젤위원회는 기존 바젤 3를 개편한 '바젤 3 최종안'을 발표했다. 은행의 위험가중자산 산출방식 개편 내용을 담았다. 결론적으로 무담보 기업대출과 부동산담보 기업대출의 부도 시 손실률을 하향 조정하고, 신용등급 없는 중소기업에 대한 대출 위험가중치 또한 하향 조정함으로써 가계대출보다는 기업대출을 늘리는 것이 BIS 비율을 만족하는 데 유리하도록 만들었다.

바젤위원회는 이 같은 내용의 바젤 3 최종안을 늦어도 2022년 1월 1일에는 이행할 것을 회원국들에게 권고했다. 하지만 이후 2020년 3월 바젤위원회는 코로나19에 대한 효율적 대처를 이유로 최종 이행기한을 기존 2022년 1월 1일에서 2025년 1월 1일로 연기했다.

협정에 달렸습니다. BIS의 전 세계 중앙은행을 상대로 한 바젤 3 정책은 수차례 연기되었지만 2025년 1월에는 시행될 것입니다.

바젤 3는 바젤은행감독위원회에서 금융위기 재발을 막기 위해 내놓은 개혁안입니다. 기존의 국제결제은행BIS 기준 자본 규제를 세분화하고 항목별 기준치를 상향 조정하는 한편 완충자본과 레버리지(차입 투자) 규제를 신설한 것이 골자로서 2004년 발표된 바젤 2에 이어 6년 만의 새로운 기준입니다.

이 정책이 시작되기 전에는 자기자본비율 15%를 맞춰야 그 은행의 지속적인 영업이 가능했습니다. 그런데 이 비율을 맞춰서 영업을 지속할 수 있는 은행이 얼마나 될까요? 대부분의 은행이 영업을 못하게 될 것입니다. 대규모의 은행 파산과 합병 뉴스가 등장할 가능성이 농후합니다.

현재 새마을금고 문제는 잠시 수면 아래 있고, 미국의 실리콘밸리은행과 퍼스트리퍼블릭 은행 등도 비슷한 시기에 문제가 터질 가능성이 높습니다. 근본 원인은 고령화 추세와 맞물린 실물경기 침체이지만 시작은 상업용 부동산의 부실채권이 도화선이 될 가능성이 큽니다.

왜 해외 대형 은행들이 점진적으로 한국을 떠났는지 생각해 봐야 합니다. 이는 아주 중요합니다. 2021년에는 시티은행이 한국에서의 철수를 선언했고, 골드만삭스 및 유럽 3대 은행도 한국을 떠났습니다. 단순하게는 한국 시장에서 더 이상 먹을 게 없나 보다라고 생각할 수 있습니다. 한국에서 영업이익이 축소되니 자기자본비율을 맞추기 위해서 떠나는 것입니다.

　2025년 하반기에는 미국도 그렇지만 한국도 심각할 수 있습니다. 그나마 우리는 원화가 아닌 크립토 월드 안에 있어서 다행이라고 생각합니다. 그건 향후 전개될 상황들을 보면 알게 될 것입니다.

　한국도 현재는 일반 전통은행들보다는 K뱅크나 카카오뱅크 등 인터넷뱅킹 인프라가 확장 중이며 대중의 호응도가 높습니다. 이에 반해 물리적인 전통은행 지점과 ATM은 축소 중입니다. 어쩌면 정부에서 정책적으로 이미 그렇게 유도하는 것 같습니다.

　현금 없는 사회로 갈 거라는 뉴스가 나온 지 몇 년 되지도 않았는데 벌써 현금결제는 사라지고 90% 이상이 카드결제를 하고 있습니다. 2025년 바젤 3라는 세계은행협약이 발효되면 지난 수년보다 더 강하게 전통 금융 붕괴가 현실화될 것입니다.

　비유하자면, 기존에는 명목화폐라는 수도꼭지를 이용해서 전 세계에 통화량 확장과 축소로 경제를 움직였는데 이제 그 수도꼭지의 수명이 다해서 수도꼭지를 너무 열 수도, 그렇다고 꽉 잠글 수도 없는

상황이 된 것입니다. 새로운 전자화폐 수도꼭지가 필요한데 교체할 결정적인 명분이 필요합니다.

바젤 3가 시행되면서 명목화폐 수도꼭지는 서서히 고장과 노화라는 핑계로 수도꼭지를 잠글 것입니다. 의도적으로 명분을 여기서 찾는 것입니다. 인류는 그냥 그 명분을 수긍할 수밖에 없습니다.

새로운 화폐개혁 시스템

반면에 가상자산 수도꼭지는 서서히 꼭지를 열어 수량을 늘릴 것입니다. 이렇게 하면 거부감 없이 수도꼭지는 교체될 것이고 새로운 수도꼭지에서는 새로운 물이 거침없이 나올 것입니다.

이것이 새로운 통화 시스템입니다. 이는 보이지 않게 소리 소문 없이 행해지고 있는 화폐개혁일 수 있습니다. 이는 전 세계에 하이퍼인플레이션을 유도할 것입니다. 2025년에는 결국 최저시급으로 시간당 10,000원을 지급할 것입니다. 모든 흐름을 같은 맥락으로 보면 됩니다.

하이퍼인플레이션의 속도를 높여 주는 것이 애그플레이션입니다. 농작물 작황이 예년보다 좋지 못합니다. 해가 갈수록 알곡보다 쭉정이가 많아지고 있습니다. 이렇게 되면 주식인 농산물 가격이 급등할 수 있습니다. 이런 현상이 한국에만 국한되면 다행인데 불행히도 전 세계가 그렇습니다. 2030년까지 밀과 콩, 쌀의 국제거래가격을 주시하기 바랍니다.

과연 2030년에는 짜장면 한 그릇이 얼마일까요? 어쩌면 비트코인과 가상자산이 올라서 내가 가진 자산이 늘어난다고 좋아할 것만은 아닐 수 있습니다.

바젤 3는 이미 아주 오래전에 나온 정책인데 점진적으로 시행하다가 2025년에 극도로 규제를 강화할 뿐입니다. 비트코인이 태어난 해는 언제인가요? 그렇다면 이미 그들은 오래전부터 준비했다는 것입니다. 소름 돋지 않나요? 과연 진짜 우연일까요?

지금 돌아가는 현물경제 상황을 관찰해 보고 여러모로 준비하기 바랍니다. 왜 대출문이 좁아지고 점진적인 규제를 하는지, 아니 규제를 할 수밖에 없는지, 그게 시중 자금흐름에 어떠한 영향을 줄 것이며, 가상자산 흐름에 어떤 영향이 있는지, 향후 물가폭등 속에서 생존을 위해 적극적인 가상자산 투자를 고려할 마지막 시기임을 인지해야 합니다.

02

백트가 가상자산 시장에서 거대한 상승장을 준비 중이다

뉴욕증권거래소 모회사 ICE가 백트Bakkt를 만들어 낸 이유를 알아보고, 2024년 6월 초 전 세계 FX 외환 시장 전문인 크로스오버Crossover와 협력한 이유와 향후 가상자산 시장과 어떤 관련이 있는지를 알아보겠습니다. 현 시점은 한국뿐 아니라 전 세계가 가상자산 시장 제도

권 수용 직전인 시점임을 상기해야 합니다.

ICE가 백트를 만든 이유

기관 수요 대응

ICE는 암호화폐에 대한 기관투자자들의 수요가 증가하는 것을 인식하고, 이들에게 안전하고 규제된 환경을 제공하기 위해 백트를 만들었습니다. 기관투자자들은 전통 금융 시장에서와 같은 수준의 보안과 규제 준수를 원했고, 이러한 요구를 충족시키기 위해 설계된 것입니다.

규제된 시장 인프라 제공

디지털 자산을 위한 완전히 규제된 시장 인프라를 제공하기 위해 백트를 만들었습니다. 이는 다른 플랫폼에서 제공되는 현금 결제 선물과 달리 물리적으로 인도되는 비트코인 선물 계약을 포함합니다. 이러한 물리적 인도 방식은 가격 발견 메커니즘을 신뢰할 수 있게 하여 시장 조작에 대한 우려를 해소하고 투명성을 제공합니다.

보관 솔루션 제공

기관급 보관 솔루션을 제공하기 위해 백트를 만들었습니다. 디지털 자산의 안전한 보관을 제공함으로써 백트는 기관투자자들의 주요 우려 사항인 자산의 안전한 보관 문제를 해결했습니다. 이 보관 솔루션은 재담보 및 레버리지 위험과 같은 문제를 방지하도록 설계되었습니다.

주류 채택 촉진

디지털 자산의 주류 채택을 위한 다리로 활용하기 위해 백트를 만들었습니다. 스타벅스와 마이크로소프트 같은 주요 파트너들을 참여시킴으로써 백트는 암호화폐를 일상 거래에 통합하여 더 넓은 수용과 사용을 촉진하고자 했습니다. 이러한 이니셔티브를 통해 ICE는 백트를 단순히 기관투자 지원 플랫폼으로서뿐만 아니라 디지털 자산의 글로벌 경제 통합과 채택을 촉진하는 변혁적 플랫폼으로 만들고자 했습니다.

크로스오버 마켓

크로스오버 마켓Crossover Markets은 기관투자자를 위한 디지털 자산 거래 기술 회사입니다. 이 회사는 암호화폐 시장에서 기관들의 고유한 유동성 요구를 충족시키기 위해 설립되었습니다. 크로스오버 마켓은 최첨단 기술을 통해 다음과 같은 서비스를 제공합니다.

고성능 매칭 엔진

크로스오버 마켓의 ECN(전자 통신 네트워크) 플랫폼인 CROSSx는 업계에서 가장 빠르고 진보된 매칭 엔진을 자랑합니다. 이 매칭 엔진은 주문 논리를 포함하여 고객이 거래할 상대방을 선택할 수 있도록 합니다.

초저지연 거래 실행

크로스오버 마켓은 초저지연 거래 실행을 제공하여 거래자들이 시장 변동에 신속하게 대응할 수 있도록 합니다. 이는 기관투자자들이 빠르고 효율적인 거래를 통해 더 나은 수익을 창출할 수 있게 합니다.

맞춤형 유동성 솔루션

크로스오버 마켓은 맞춤형 유동성 스트림을 제공하여 다양한 거래 전략과 필요에 맞게 조정할 수 있습니다. 이는 유동성을 최적화하고 거래 비용을 절감하는 데 도움이 됩니다.

기관급 기술과 보안

크로스오버 마켓은 FX 거래, 프라임 브로커리지 기술, 인공지능 등 다양한 분야에서 다년간의 경험을 보유한 팀에 의해 운영됩니다. 이들은 디지털 자산 시장에서 다음 단계의 기관화를 주도하고 있습니다. 크로스오버 마켓은 이러한 고성능 기술과 맞춤형 솔루션을 통해 암호화폐 거래 경험을 최적화하고, 기존의 고립된 생태계를 연결하여 더 나은 유동성을 제공합니다. 이는 기관투자자들이 디지털 자산 시장에서 더 나은 성과를 낼 수 있도록 돕기 위한 것입니다.

백트는 크로스오버 마켓과 협력하여 'BakktX'라는 새로운 암호화폐 전자통신 네트워크ᴱᶜᴺ를 개발했습니다. 이 협력은 기관 거래자들을 대상으로 하며, 크로스오버 마켓의 고성능 기술을 활용하여 10마이크로초 이하의 거래 매칭 지연, 맞춤형 유동성 솔루션, 그리고 기존 암호화폐 브로커 및 거래소에 비해 상당히 낮은 거래 비용을 제공합니다. 이 플랫폼은 리스크 관리, 신뢰성 준수를 우선시하며, 백트의 유동성 제공자와 초기 사용자에게 제공될 예정입니다.

03

DCG그룹의
베리 실버트와 FTX 사건

2022년 말 가상자산 시장에 큰 충격을 준 FTX 사건이 발생했습니다. 이후 시장 전반에 걸쳐 큰 폭락이 일어났습니다. 가상자산 시장에서 대표적인 2개의 미디어는 코인데스크와 코인텔레그래프인데, FTX 사건을 최초로 보도한 곳이 공교롭게도 DCG 5대 자회사 중 하나인 코인데스크였습니다.

그렇다면 베리 실버트와 제네시스 트레이딩, 그레이스케일 등은 이미 알았을 것이고 자산 배분, 포트 변경 등에 대한 대응도 발표 전에 있었을 것입니다. 결과론적으로는 많은 개인투자자가 피해를 봤습니다. 가상자산 시장에서 누가 세력 위의 세력인가를 입증하는 사건이 아닌가 합니다. 제가 베리 실버트와 DCG 글렌 허치스를 추종하며 포트폴리오를 구성했던 이유이기도 합니다. 혼란한 상황이 정리되고 규제의 명확성이 확립되면 인내의 끝은 결국 열매를 맺을 것입니다.

    FTX 사건의 전말과 그 이후부터 2024년 현재까지의 상황은 다음과 같습니다.

2022년 : FTX 사태 발생

FTX 사태 발발

2022년 11월 세계적인 가상자산 거래소 FTX가 갑작스러운 유동성 문제로 파산 신청을 하게 되었습니다. 이는 창립자인 샘 뱅크먼 프리드Sam Bankman-Fried가 회사 자금을 불법적으로 사용했다는 혐의로 기소된 것에서 비롯했습니다.

시장 충격

FTX의 파산은 많은 투자자에게 큰 손실을 안겨 주었고, 가상자산 전반에 대한 신뢰도를 크게 떨어뜨렸습니다. 비트코인과 이더리움을 포함한 주요 가상자산 가격이 급락하였으며, 투자 심리가 급격히 악화되었습니다.

2023년 : 회복과 변동

규제 강화

FTX 사태 이후 전 세계적으로 가상자산에 대한 규제가 강화되었습니다. 미국, 유럽, 아시아 각국에서는 가상자산 거래소에 대한 법적 요건을 엄격하게 강화하고, 사용자 보호 장치를 마련하는 등의 노력이 이어졌습니다.

시장 반등

2023년 중반부터 비트코인과 이더리움 등 주요 가상자산이 서서히 회복세를 보이기 시작했습니다. 이는 가상자산에 대한 기관투자자들의 관심이 다시 증가하고, 블록체인 기술의 발전과 더불어 새로운 응용 프로그램들이 등장하면서 투자자들의 신뢰가 회복된 덕분이었습니다.

기술 발전

2023년 동안 블록체인 기술은 지속적으로 발전했습니다. 특히 탈중앙화 금융DeFi, NFT(대체 불가능 토큰), Web3 등의 분야에서 많은 혁신이 이루어졌습니다.

2024년 : 현재 상황

안정된 시장

2024년 현재 가상자산 시장은 상대적으로 안정세를 보이고 있습니다. 비트코인과 이더리움 등 주요 가상자산 가격은 2022년 폭락 이전 수준으로 회복되었고, 거래량도 꾸준히 증가하고 있습니다.

신뢰 회복

규제 강화와 함께 여러 가상자산 거래소가 사용자 보호를 위한 새로운 보안 및 운영 정책을 도입하면서 시장에 대한 신뢰가 회복되었습니다. 많은 국가에서는 가상자산을 합법적인 금융 자산으로 인정하는 법안을 통과시키기도 했습니다.

지속적인 혁신

블록체인 기술과 가상자산 관련 산업은 여전히 빠르게 발전하고 있습니다. 특히 스마트 계약, 탈중앙화 앱dApps, 메타버스 관련 프로젝트들이 주목받고 있으며, 이러한 기술들이 실제 비즈니스와 생활에 점차 통합되고 있습니다.

투자자 관심

기관투자자와 개인투자자 모두 가상자산에 대한 관심을 지속적으로 유지하고 있으며, 새로운 프로젝트와 코인들이 시장에 등장하고 있습니다. 이러한 활동들은 시장의 활력을 유지하는 데 중요한 역할을 하고 있습니다.

결론

FTX 사건 이후 가상자산 시장은 큰 변동을 겪었지만, 규제 강화와 기술 발전, 투자자들의 관심이 지속되면서 현재는 비교적 안정된 상태를 유지하고 있습니다. 앞으로도 가상자산과 블록체인 기술의 발전은 계속될 것으로 보입니다.